복음을
살라

HIDDEN IN THE GOSPEL
by William P. Farley

Copyright ⓒ 2014 by William P. Farley
Originally published in English under the title,
Hidden in the Gospel: Truths You Forget to Tell Yourself Every Day
Translated and published by permission of
P&R Publishing, P.O. Box 817, Phillipsburg, NJ 08865, USA
All rights reserved.

Korean Edition published by Word of Life Press, Seoul 2015
Translated and published by permission.
Printed in Korea.

복음을 살라

ⓒ 생명의말씀사 2015

2015년 5월 15일 1판 1쇄 발행

펴낸이 | 김재권
펴낸곳 | 생명의말씀사

등록 | 1962. 1. 10. No.300-1962-1
주소 | 서울시 종로구 경희궁1길 5-9(110-062)
전화 | 02)738-6555(본사) · 02)3159-7979(영업)
팩스 | 02)739-3824(본사) · 080-022-8585(영업)

기획편집 | 신현정
디자인 | 조현진, 최윤창
인쇄 | 영진문원
제본 | 정문바인텍

ISBN 978-89-04-16509-4 (03230)

저작권자의 허락없이 이 책의 일부 또는 전체를
무단 복제, 전재, 발췌하면 저작권법에 의해 처벌을 받습니다.

복음을 살라

윌리엄 P. 팔리 지음
김태곤 옮김

생명의말씀사

교수이자 신학자인 윌리엄 팔리는, 그리스도의 방대한 복음을 우리 자신에게 전하여 영혼을 보존하고 고양시키는 데 사용할 수 있는 귀한 도구를 제공해 왔다. 작지만 주옥같은 이 책은, 창세전에 그리스도 안에서 우리를 택하신 것으로 시작하여 그리스도의 새 창조로 끝나는 즐거운 복음 축제로 우리를 안내한다. 우리의 영적 깊이와 넓이를 더해 주기에 적합한 책이다.

_ R. 켄트 휴즈, 휘튼 대학교회 담임목사

이 책에서 윌리엄 팔리는 복음을 중심으로 하는 삶을 제시한다. 자신에게 하는 설교의 중요성을 언급한 이들이 더러 있지만, 팔리는 그 방법을 알려준다. 성경적인 복음을 폭넓게 이해하는 데 핵심적인 신학 요소들을 실제적으로 제시한다. 이것은 그리스도 안에서 이루신 하나님의 구속 사역에 근거한 자기 대화에 매우 유용하다. 개인적으로 공부할 때든 그룹에서 토의할 때든, 이 책은 모든 그리스도인에게 유익할 것이다.

_ 랜덜 로버츠, 웨스턴신학교 교수

혼잣말이 유익할 수 있을까? 윌리엄 팔리의 설명에 따르면, 혼잣말은 유익할 뿐 아니라 그리스도인의 삶이 성장하고 건강해지는 데 반드시 필요하다. 모든 그리스도인은 하나님이 우리를 위해 그리스도 안에서 하신 일을 꾸준히 정기적으로 되새기는 것에서 유익을 얻을 수 있다. 이것은 성경에 있는 영광스럽고도 영원한 가르침들을 돌아보는 일을 포함한다. 복음의 넓이는 그처럼 방대하며, 그런 과정을 통해 그리스도인들은 복음의 능력으로 자신의 생각과 마음을 변화시킬 수 있다. 이 책의 독자들은 하나님을 더욱 사랑하며 복음의 충만함 가운데서 살아가려는 열망으로 복음의 깊이를 경험하게 될 것이다.

_ 브루스 A. 웨어, 남침례회신학교 기독교신학 교수

그리스도인들이 이 책에서 권면하는 바를 실천한다면 목회자들의 상담 수고가 덜어질 것이다. 그리스도인들이 예수 그리스도의 복음을 명확히 알고 그 복음에 기초하여 끊임없이 자기 대화를 시도한다면, 그들의 삶과 가정과 교회가 변화될 것이다.

_ 돈 휘트니, 남침례회신학교 신학과장, 성경적 영성 교수

Hidden in the Gospel

목 차

머리말 08

들어가며 　복음을 살라 17
1장 　하나님의 예정은 우리의 안전이다 33
2장 　그리스도의 무한한 낮아지심 53
3장 　그리스도의 순종이 유일한 소망이다 75
4장 　모든 문제의 핵심, 십자가 95
5장 　그래도 우리에게는 부활이 있다 113
6장 　망각된 교리, 승천 133
7장 　다시 오실 그리스도 153
8장 　새 하늘과 새 땅 173

토의 질문 190
주 194

→ **머리말**

이 책은 기본적인 기독교 교리를 다루고 있다. 그와 함께 그 교리를 실제로 적용할 것을 강조한다.

나는 신학의 중요성을 확신하면서 이 책을 썼다. 그러나 실제 삶과 분리된 신학은 도움이 되지 않는다. 그것은 단지 무미건조하고 까다로운 종교일 뿐이다. 누가 그런 것을 원하겠는가? 반면, 명쾌하고 예리하게 정의된 신학이 빠져버린 그리스도인의 삶은 대체로 율법주의에 이르게 된다. 그런 것 또한 아무도 원치 않는다. 명확하게 정의된 신학이 성령의 능력으로 마음속 깊이 새겨질 때, 그리스도인들에게 진정한 변화가 일어난다. 그럴 때 사랑과 기쁨, 평안을 누리게 된다. 바로 그것이 모든 그리스도인의 목표이자 이 책의 목표다.

다시 말해 이 책은 모든 그리스도인을 위한 신학의 기본을 다룬다. 가장 기본적인 교리, 즉 복음에 관한 책이며, 날마다 우리가 자신에게 그 복음을 전해야 하는 이유를 밝히는 책이다. 물론 복음에 관한 책은 얼마든지 있다. 자신에게 복음을 전해야 하는 이유를 다룬 책도 있다. 이 주제는 새로운 것이 아니다.

그럼에도 교회에 이 책이 필요한 이유가 있다. 첫째, 더 넓은 의미의 복음을 전해야 하기 때문이다. 복음은 이신칭의 그 이상이다. 우리가 받을 형벌을 대속하는 것 이상이다. 이 책은 이른바 광각렌즈(표준렌즈보다 초점거리가 짧은 렌즈로, 같은 거리에서 촬영해도 더 넓은 범위와 더 깊은 심도를 담을 수 있는 렌즈_옮긴이)를 통해 복음을 살피고 있다. 우리를 구원하기 위해 하나님 아버지께서 영원 전부터 영원한 미래까지 행하시는 모든 일을 다루고 있는 것이다. 광각렌즈 복음을 자신에게 전하도록 권면하는 책을 나는 본 적이 없다.

이 책이 중요한 둘째 이유는, 날마다 자신에게 복음을 설교하도록 적용시키는 책이 없었기 때문이다. 내가 "자신에게 복음을 전하라"는 말을 처음 들은 것은 그리스도인이 된 지 적어도 25년이 지나서였다. 뒤돌아보면, 그 메시지를 더 일찍 들었으면 좋았을 것 같다. 그리스도인으로 성숙하는 데 이 개념은 결정적이었다. 처음에는 그 메시지를 단순히 "예수님이 너를 위해 죽으셨음을, 그분이 너를 용서하심을, 그리고 네가 오직 믿음으로 구원받음을 너 자신에게 정기적으로 상기시키라"는 의미로 받아들였다. 그러다가 그 메시지가 더 크고 근사한 의미로 다가오기 시작했다. 시간이 지나면서 복음의 의미와 적용이 확장되어갔다. 복음을 나 자신의 삶과 우리 교인의 삶에 더 넓고 다양하게 적용하게 된 것이다. 이 책을 통해 내가 누린 기쁨을 당신도 함께 누리기를, 그래서 복음에 관한 지식과 적용이 이 책에서 제시하는 것보다 더욱 풍성해지기를 바란다.

이 책은 무엇을 다루는가

그리스도인마다 자신의 신학(하나님이 누구신지와 어떤 분인지에 관한 견해)을 지니고 있다. 그리스도의 죽음과 부활에서 절정에 달하는 복음은 하나님을 계시한다. 하나님을 드러내는 것이다. 그 드러냄은 언제나 충격적이다. 하나님이 우리의 기대와 다르기 때문이다. 어쨌든 그 충격이 지나가면서, 우리는 우리 기대보다 무한히 좋으신 하나님을 발견한다.

이 책은 복음 이야기를 통해 하나님 아는 법을 알려준다. 자신에게 복음 전하는 것(또는 "혼잣말하는 연습"이라고 불리는 것)을 통해 하나님을 알게 되는 기쁨을 다룬다.

이 책은 복음을 구성하는 여러 교리를 포괄적으로 분석하지 않는다. 예를 들면 이 책은 "오순절"을 다루지 않는다. 다만, 복음의 기반을 이루는 사건들을 각 장마다 하나씩 다룬다.

또한 이 책은 그 진리들을 각각 포괄적으로 다루지 않는다. 예컨대, 4장은 속죄 교리를 단 3,000단어로 요약했다. 박식한 저자라면 이 주제에 3,000페이지를 할애해도 부족하다고 느낄 것이다. 그보다 이 책은 몇몇 핵심적인 복음 교리를 **날마다 삶에 적용하도록** 돕는다. 다시 말해서 이 책은 복음을 더 깊이 숙고하여 예수님의 몸과 피를 먹고 마시도록 도와준다.

날마다 예수님을 먹고 마시다

마지막 만찬 자리에서 예수님은 이렇게 말씀하셨다.

예수께서 떡을 가지사 축복하시고 떼어 제자들에게 주시며 이르시되 받아서 먹으라 이것은 내 몸이니라 하시고 또 잔을 가지사 감사

기도 하시고 그들에게 주시며 이르시되 너희가 다 이것을 마시라 이
것은 죄 사함을 얻게 하려고 많은 사람을 위하여 흘리는 바 나의 피
곧 언약의 피니라(마 26:26-28).

그리스도의 몸과 피는 복음 사건의 핵심인 그리스도의 십자가
를 나타낸다. 떡과 포도주가 물리적인 생명을 유지시키듯, 예수
님의 몸과 피를 먹고 마시는 것은 영적 생명을 유지시킨다. 떡을
먹지 않으면 내 몸은 죽는다. 예수님을 먹지 않으면 나의 영적
생명이 죽는다.

예수님의 이 말씀은 복음의 문맥에서 이해할 수 있다. 떡은 십
자가에서 부서진 그리스도의 몸이다. 포도주는 그분이 흘리신
피다. 다시 말해서 성찬식은 예수님이 우리를 위해 "행하신" 일
을 떠올리게 한다. 그렇기 때문에 우리는 날마다 성찬을 먹어야
한다.

우리 중 대부분은 하루에 적어도 세 끼를 먹는다(때로는 중간에 간
식까지 먹는다). 마찬가지로 하나님은 우리가 복음을 먹음으로 그
리스도를 먹기 원하신다. 우리는 하루 종일 자신에게 복음을 전
하는 것(숙고하는 것)으로 그렇게 할 수 있다.

예수님은 이 개념을 달리 표현하셨다.

내 안에 거하라 나도 너희 안에 거하리라 가지가 포도나무에 붙어 있지 아니하면 스스로 열매를 맺을 수 없음같이 너희도 내 안에 있지 아니하면 그러하리라(요 15:4).

"거하다"는 문자적으로 "…… 안에서 살다"라는 뜻이다. 우리는 복음의 진리 안에 거하여 그리스도 안에서 산다. 그렇게 하는 사람들은 영적으로 더욱 풍성해진다.

세 가지 영적 보물

하나님은 이 훈련에 매진하는 사람들을 세 가지 측면에서 풍성하게 하신다. 첫째, 그들은 하나님을 더 많이 알게 된다. 그분을 진정으로 알게 되는 것이다. 복음은 하나님의 숭고한 공의를 드러내며, 그분의 자비와 은혜를 영화롭게 한다. 복음은 하나님의 무서운 진노를 드러내지만, 그 진노는 그분의 사랑을 형언할 수 없을 정도로 소중하게 만든다. 복음은 하나님의 절대적인 주권을 보여주지만, 우리의 책임을 간과하지 않는다. 복음은 죄의 끔찍함을 부각시키지만, 하나님의 은혜와 긍휼로써 죄로 인한 고통을 덜어준다. 우리는 이와 같은 복음의 특징을 계속 이야기할 수 있다.

둘째, 복음은 우리의 성화를 독려한다. 하나님(신학)을 더 많이 알수록 그분을 더욱 본받고 싶어질 것이다. 복음의 창을 통해 그리스도의 영광을 더 많이 주시할수록 그분을 더 많이 닮고 싶어질 것이다. 그 마음을 바울은 이렇게 표현했다.

> 우리가 다 수건을 벗은 얼굴로 거울을 보는 것같이 주의 영광을 보매 그와 같은 형상으로 변화하여 영광에서 영광에 이르니 곧 주의 영으로 말미암음이니라(고후 3:18).

하나님의 영광은 이 책에서 논의하는 복음의 진리를 통해 더욱 밝게 빛난다.

셋째, 복음은 하나님의 뜻을 규정한다. 복음은 우리의 윤리다. 우리에게 어떻게 살아야 하는지를 알려준다. 이 책 각 장에서 실천적인 적용을 제시하겠지만, 나는 독자들이 복음을 더 깊이 숙고하여 삶의 모든 영역(결혼, 양육, 직장 생활 등)에 적용하길 간절히 바란다. 각 장 내용을 더 깊이 고찰하고 싶다면, 각 장 끝에 있는 참고 도서 목록을 참조하길 바란다.

나는 이 책이 다양하게 활용되길 기대하며 이 책을 집필했다. 의도적으로 각 장을 짤막하게 구성하였다. 새신자, 기본적인 기독교 교리를 이해하길 원하는 비그리스도인, 그리고 복음을 적용하는 법을 알고 싶은 오래된 신자들이 내 목표 독자다. 책 맨 뒤에 수록된 질문은 소그룹 토의에 유익할 것이다.

들어가며

복음을 살라

나는 따뜻한 커피 한 잔을 곁들여 책을 읽기 위해 어느 커피숍의 안락한 의자에 앉았다. 맞은편을 보니 한 젊은 여성이 책에 푹 빠져 있었다. 뭔가 공통점이 있다는 생각에 말을 걸어보았다.

"마틴 로이드존스 책을 읽고 계시네요."

"네.『영적 침체』를 읽고 있어요. 제가 좋아하는 책이거든요. 선생님도 읽어보셨나요?"

"몇 달 전에 읽었어요. 지금 몇 장 읽고 계세요?"

"사실은 이번이 세 번째 읽는 중이랍니다."

"그렇군요. 저는 목사입니다. 우리 교회 교인들 중에 그 책에 도움 받은 사람이 많아요."

"이 책을 읽기 전에는 제 두려움과 의심에 귀 기울이는 습관이 있었어요. 그러나 이제는 나 자신에게 복음을 전합니다. 이 개념이 내 삶을 변화시켰어요."

그의 말을 들으면서 나는『영적 침체』끝 부분에서 읽은 권면이 생각났다.

우리는 "우리 자신"이 우리에게 말하는 것을 허락하지 말고 (우리가) 자신에게 말해야 한다. 영적 침체의 주요 문제는, 우리가 자아에게 말하지 않고 자아가 우리에게 말하도록 허용하는 것이다.[1]

그 책에서 로이드존스는 중요한 내용을 전하고 있다. 바로 건강한 영적 경험의 비결이다. 우리는 자신(자신의 두려움, 의심, 불안, 상처, 실패)에게 귀 기울일 수도 있고, 복음을 전할 수도 있다. 성숙한 그리스도인은 자신에게 설교하는 훈련에 매진한다. 그들은 이 훈련에 심혈을 기울인다. 성경을 읽어 내면화하고, 그 진리를 자신에게 거듭 설교한다. 죽음의 두려움이 생길 때, 그들은 내세에 관해 자신에게 말한다. 죄의식이 마음을 붙들 때, 그들은 자신이 그리스도와 연합되었고 그리스도의 의가 자신의 것이 되었다는 사실을 자신에게 설교한다. 그들은 자아에 귀 기울이지 않는다. 자아에게 설교한다!

자아에게 설교한다는 것은 무슨 뜻일까? 첫째, 그것은 단순히 성경을 암송하는 것이 아니다. 물론 성경 암송도 중요한 훈련이다. 그러나 우리는 성경을 암송하면서도 자신에게 설교하는 훈련을 소홀히 할 수 있다. 때로 낱낱의 성경 구절은 우리가 절실히 필요로 하는 순간에 큰 그림을 압축해서 보여주지 못한다.

또한 자아에게 복음을 전하는 것은 긍정적인 사고방식과는 전혀 다르다. 종종 진리는 긍정적인 사고방식과 무관하다. 긍정적인 사고방식은 긍정적으로 생각하여 현실을 만들어낼 수 있다고 본다. 말하자면 이런 식이다. "나는 내가 확언하는 대로 될 수 있다. 실재는 중요하지 않다. 나는 훌륭한 재능을 지니고 있다. 실제 내 모습은 문제가 되지 않는다. 이 사실을 충분히 되새기면, 나는 그것을 믿고 또한 그렇게 될 것이다."

그러나 자신에게 복음을 전하는 그리스도인은 정반대로 생각한다. 그는 긍정적인 확언으로 진리를 만들어내지 않는다. 그는 실재를 만들어내지 못한다. 대신 그의 확언은 실제로 존재하는 불변의 실재를 반영한다. 그것만이 삶을 변화시킨다. 다시 말해 그리스도인은 진리를 만들어내지 않는다. 진리가 그리스도인을 만든다. 그것이 우리를 형성한다. 언젠가 우리는 궁극적 실재이신 하나님 앞에 설 것이다.

이 책은 로이드존스의 말이 옳았음을 보여준다. 또한 다른 모든 진리를 합한 것보다 더 중요한 한 가지 진리가 있다고 주장한다. 그리스도인은 그 진리를 정기적으로 자신에게 전해야 한다. 그 진리란 바로 복음이다. 가장 근본적인 기독교의 실재다.

자신에게 복음을 전한다는 개념을 처음 대중화시킨 사람은 잭 밀러다. 필라델피아에 장로교회를 개척한 목사이자 신학교 교수이며 많은 책을 쓴 밀러는 철저히 복음중심적이었다. 그는 복음이 삶 전체의 중심이 된다고 보았다. 또한 복음은 단지 새신자만을 위한 주제가 아니라고 생각했다. 복음은 영적 여정의 모든 단계에서 모든 그리스도인이 점진적으로 성화하는 데 필수라는 것이다.

『날마다 자신에게 복음을 전하라』(네비게이토)는 책에서 제리 브리지스는 밀러의 개념으로 돌아간다. 그는 자신에게 복음을 전할 것을 권한다. 브리지스에게 그것은 십자가에서 일어난 일에 철저히 초점을 맞추는 것을 의미했다.

자신에게 복음을 전하는 것은 자신의 죄성을 끊임없이 직시하고 예수님의 보혈에 대한 믿음으로 그분에게 피하는 것을 뜻한다. 또한 그것은 예수님이 하나님의 율법을 온전히 성취하셨음을, 그분이 우리의 속죄 제물이 되심을, 그리고 하나님의 거룩하신 진노가 더 이상 우리를 향하지 않는다는 사실을 믿음으로 받아들이는 것을 의미한다.[2]

이 책은 자신에게 복음 전하는 법에 관한 지침서다. 이 책은 로이드존스, 밀러, 브리지스 같은 사람들의 견해를 기초로 삼고 있다. 아울러 나는 이 책에 개인적인 경험도 나누었다. 나는 나 자신에게 지속적으로 복음을 전하면서 유익을 누려왔다. 나 자신에게 복음을 전할 때 낙심의 안개가 걷히고, 좌절의 귀신들이 내쫓기며, 하나님의 사랑을 받지 못하는 무가치한 존재라는 느낌이 사라졌다. 나는 낙심될 때에도 포기하지 않고 계속 나아갈 수 있었다. 하나님의 놀라운 은혜 앞에서 겸손해졌다. 하나님과 다른 사람을 사랑하는 마음이 더 풍성해졌다. 그리고 일흔 번씩 일곱 번이라도 용서하려는 마음을 갖게 되었다.

내게 이러한 유익을 주는 복음이란 무엇인가?

복음이란 무엇인가

복음을 생각할 때, 우리는 주로 그리스도의 죽으심과 부활을 떠올린다. 이것은 적절한 생각이다. 그리스도의 죽으심과 부활은 복음의 핵심이다. 제리 브리지스와 밥 베빙턴은 "그리스도의 대속 죽음에 관한 메시지는 [사도들이 전한] 복음의 핵심이며 기독교 신앙의 영원한 초석이다. …… [그것은] 세상의 역사 전체에서 핵심적인 사실이다. 핵심 주제이며 본질적인 진리다"[3]라고 말했다.

나는 브리지스와 베빙턴의 말에 진심으로 동의하지만 한 단계 더 나아가고 싶다. 이 책에서 나는 복음을 더 넓은 관점으로 보고 싶다. 영어 단어 "gospel"은 "좋은 이야기"를 뜻하는 중세 영어 "godspell"을 현대적으로 번역한 것이다. 더 거슬러 올라가면, "godspell"은 "좋은 소식"을 뜻하는 신약성경 헬라어 "유앙겔리온"(euangelion)을 번역한 것이다. "유앙겔리온"은 주로 황제가 백성에게 선언하는 것이다. 복음은 우리의 왕이자 황제이신 하나님이 죄와 그 결과인 하나님의 진노에서 우리를 구하기 위해 행하신 일을 선언하는 것이다.

그것은 참으로 좋은 소식이다! 자신의 죄 때문에 생긴 곤경을 충분히 이해하는 사람에게 복음은 그가 들을 수 있는 가장 좋은 소식이다.

이 용어를 더 넓게 사용하자면, 복음은 죄인을 구원하며 죄의 결과에서 우주를 구속하기 위해 그리스도 안에서 하나님이 행하신 모든 일에 관한 좋은 소식이다. 그것은 창세전에 우리가 받은 택하심, 그리스도의 성육신, 그분의 자발적인 순종, 대속 죽음, 부활과 승천, 오순절, 그리고 마지막 심판을 포함한다. 또한 죄가 제거되고 하나님의 적극적인 임재로 가득한 새 창조에 대한 소망을 포함한다.

복음이 우리에게 믿음과 회개로 응답할 것을 명하기는 하지만, 근본적으로 복음은 우리가 행해야 하는 일에 관한 내용이 아니다. 복음은 하나님이 행하신 일에 관한 것이다. 제프 퍼스웰은 "복음은 객관적이다. 그것은 하나님이 자신의 백성을 구원하기 위해 행하신 일을 알려준다"고 말했다.[4] 『새 성경사전』(New Bible Dictionary)에 따르면, 복음은 "하나님이 이스라엘에 주신 약속을 예수 그리스도 안에서 성취하셨다는, 그리고 구원의 길이 모든 사람에게 열렸다는 좋은 소식"이다.[5]

다시 말하지만 복음을 이런 식으로 생각하는 것은 광각렌즈

카메라로 보는 것과 같다. 복음은 그리스도의 죽으심과 부활 그 이상이다. 그것은 하나님이 영원한 과거에 우리를 위해 행하신 일과 영원한 미래에 우리를 위해 행하실 모든 계획을 포함한다.[6]

우리 자신에게 설교해야 할 주제로 복음보다 중요한 것은 없다. 복음은 성경의 줄거리이며 핵심 주제다. 구약성경은 복음을 예언하며 내다본다. 마태와 마가, 누가와 요한은 복음의 핵심 사실들을 기록한다. 그 핵심 사실들이란 그리스도의 삶, 그리고 죽으심과 부활이다. 사도행전은 복음을 온 세상에 전하려는 초대 교회의 노력을 기록한다. 서신서들은 복음을 설명하며 적용한다. 성경 전체가 복음을 다루고 있다!

게다가 복음은 성경을 통일시킨다. 어떤 이들은 성경이 통일된 주제를 지니고 있지 않다고 생각한다.[7] 또 어떤 이들은 성경 전체에 걸쳐 있는 여러 언약에서 통일된 주제를 찾는다. 예언이나 천년왕국의 소망 속에서 통일된 주제를 찾는 이들도 있다. 나는 성경에 통일된 주제가 있다고 확신한다. 그러나 주의하지 않으면 나무에 몰두하느라 숲을 간과할 수 있다. 복음은 성경 이야기에서 매우 명백한 핵심이다. 그런 탓에 종종 당연하게 여겨서 간과되기도 한다.

끝으로, 하나님이 자신의 궁극적인 목적을 이루시는 것도 복음을 통해서다. 하나님의 영광은 만유의 궁극적 존재 목적이며, 복음을 통해 하나님은 자신을 영화롭게 하신다. 복음은 하나님

의 목적 실현 방안이다.[8]

그리스도의 십자가는 복음의 핵심이다. 십자가는 복음의 중심이자 정수다. 그 이유는 무엇일까? 그리스도의 고난과 십자가 죽음은 하나님의 영광을 역사상 그 어떤 사건보다 많이 드러내기 때문이다. 거기서 우리는 하나님의 진노 속에 숨겨진 그분의 사랑을, 하나님의 공의 속에 감추어진 그분의 자비를, 하나님의 거룩성이 요구하는 바에 따라 드러난 그분의 은혜를 본다. 게다가 우리는 거기서 자신을 본다. 우리 죄의 무서움을 본다. 하나님의 관점에서 우리의 실패를 본다.

이 책에서는 복음의 핵심적인 몇 가지 측면을 살펴볼 것이다. 각 장은 복음의 한 가지 측면을 설명하고 이어서 "어떻게 적용할 것인가"라는 질문에 답한다. 즉 각 장에서 설명한 진리를 자신에게 전하는 법을 알려주면서 마무리할 것이다. 영원 전의 선택에서 시작하여 우리는 그리스도의 성육신으로 나아갈 것이다. 그런 후에 그분의 죄 없는 삶, 대속 죽음, 죽음에서 부활하심, 승천, 산 자와 죽은 자를 심판하러 영광 가운데 오심, 그리고 끝으로 새 하늘과 새 땅에 관한, 즉 베드로가 "만물의 회복"(행 3:21)이라고 언급한 우리의 궁극적 소망을 살펴볼 것이다.

어떤 유익이 있는가

우리는 왜 이 책을 읽어야 하는가? 자신에게 복음을 전하는 훈련은 여러모로 유익하다. 일곱 가지만 예를 들어보자.

첫째, 자신에게 복음을 전하는 훈련은 우리로 하여금 정기적이며 반복적으로 하나님의 영광을 생각하게 한다. 하나님의 본질적인 성품을 알고 싶었던 모세는 용기를 내어 그 영광을 보게 해주시길 요청했다. 그 요청에 하나님은 "네가 내 얼굴을 보지 못하리니 나를 보고 살 자가 없음이니라"(출 33:20)고 대답하셨다. 그러나 다음날, 하나님은 모세 앞으로 지나시며 이렇게 선포하셨다.

여호와라 여호와라 자비롭고 은혜롭고 노하기를 더디 하고 인자와 진실이 많은 하나님이라 인자를 천대까지 베풀며 악과 과실과 죄를 용서하리라 그러나 벌을 면제하지는 아니하고 아버지의 악행을 자손 삼사 대까지 보응하리라(출 34:6-7).

하나님의 윤리적 성품을 뚜렷이 엿볼 수 있는 말씀이다. 여기서 우리는 하나님의 완벽하신 공의와 짝을 이루는 그분의 자비, 은혜, 일관된 사랑, 신실하심, 그리고 용서를 보게 된다.

새 언약은 엄청난 것을 약속한다. 하나님이 우리에게 그 영광을 볼 수 있게 하신 것이다. 우리는 육체의 눈이 아닌 마음의 눈으로 그 영광을 본다. 이것이 거듭남의 핵심이다. 하나님이 "예수 그리스도의 얼굴에 있는 하나님의 영광을 아는 빛을 우리 마음에 비추셨다"(고후 4:6).

하나님은 복음을 통해 이 "영광"을 드러내 보이셨으며, 묵상은 그 영광을 경험하는 비결이다. 가장 좋은 묵상 방법은 정기적으로 자신에게 복음을 전하는 것이다. "복음 안에서 그리스도의 영광을 바라보는 것은 훈련이다. 그것은 날마다 자신에게 복음을 전하는 연습을 통해 개발해야 하는 습관이다"라고 제리 브리지스는 말한다.9 이와 관련하여 바울은 이렇게 권면했다. "위의 것을 찾으라 …… 위의 것을 생각하고"(골 3:1-2).

둘째, 자신에게 복음을 전하면 겸손한 가운데 성장하게 된다. 십자가에서 예수님은 우리의 허물을 대신 감당하셨다. 추악한 우리가 당해야 할 징벌을 그분이 당하셨다. 『겸손, 복음의 능력』(Gospel-Powered Humility)이라는 책에서 나는 이 점을 언급했다. "겸손"이라는 단어를 들을 때, 많은 사람이 부정적인 생각을 떠올린다. 어느 누가 낮아지고 싶겠는가? 그러나 영적으로 지혜로운 사람들은 하나님께 겸손케 해달라고 간구한다. 하나님의 풍성한 은혜 대부분이 겸손이라는 통로를 통해 흘러나옴을 알고 있기 때문이다. 하나님은 겸손한 자에게 은혜를 베푸신다(약 4:6). 이 은혜는 어떤 것인가? 어떻게 우리에게 임하는가? 겸손한 자들에게 주어지는 하나님의 은혜란, 그리스도와 친밀해지는 것(사 57:15), 하나님의 은총을 받는 것(잠 3:34), 하나님에 의해 높여지는 것(시 147:6), 넓은 의미의 구원을 얻는 것(마 5:3), 하나님께 존귀하게 여겨지는 것(잠 15:33)이다. 에드 웰치는 이렇게 말한다. "예수님의 좋은 소식은 우리에게 자긍심을 느끼게 하는 것이 아니라 우리를 겸손하게 한다."[10]

셋째, 자신에게 복음을 전하는 자들은 죄책감과 열등감, 낮은 자아상이라고 하는 삼두(三頭) 괴물에게서 구원될 가능성이 많다. 복음이 은혜로 가득하기 때문이다. 은혜는 징벌 받아 마땅한 자들에게 주어지는 혜택이다. 복음은 하나님이 우리를 사랑하심이 우리의 덕성 때문이 아니라는 좋은 소식이다. 우리에게 덕성이 없음에도 하나님은 우리를 사랑하신다. 복음은 나약한 인생에 임하는 하나님의 능력에 관한 것이다. 우둔한 인생을 통해 높여지는 하나님의 지혜에 관한 것이다. 복음은 낮고 멸시받는 방편을 통해 존귀해 보이는 것을 부끄럽게 만드는 것이다. 다시 말해 복음은 궁핍한 자, 죄책감을 느끼는 자, 열등감에 빠진 자들을 위한 것이다. 복음은 하나님의 사랑이라는 용매로 죄책감과 열등감과 좌절감을 점차 녹여버린다.

넷째, 자신에게 복음을 전하면 성화를 가속화한다. "성화"는 "점점 하나님을 닮아가는 것"을 뜻한다. 폴 데이비드 트립이 말하듯이 "삶에서 자신보다 더 큰 영향을 끼치는 사람은 없다. 우리 자신에게 가장 많이 말하는 존재는 다른 누구도 아닌 바로 우리 자신이기 때문이다."[11] 우리 자신에게 하는 말은 우리가 듣는 다른 모든 설교와 조언, 우리의 모든 성경 읽기보다 더 큰 영향을 끼칠 것이다.

복음을 올바르게 이해할 때, 우리는 다른 이들에게 사랑과 긍휼, 자비를 베풀 수 있다. 복음은 비그리스도인을 위한 메시지다. 그러나 복음은 더욱 거룩해지게 하는 가장 중요한 동기부여 요인이기도 하다. 존 파이퍼는 이렇게 말한다. "우리는 복음이 새신자를 위한 것이며 자신은 더 큰 일을 해야 한다고 생각하기 쉽다. 그러나 복음이야말로 가장 큰 일이며 줄곧 매진해야 할 대상이다."[12]

다섯째, 거듭 자신에게 복음을 전하는 자들은 점점 감사가 넘쳐 난다(골 2:7). 왜 그럴까? 복음은 우리가 마땅히 죽임 당해야 한다는 것을 알려준다. 그러나 좋은 소식이 있다. 복음 때문에 우리는 그 마땅한 징벌을 받지 않을 것이다. 상황이 아무리 나쁘더라도, 이 진리는 우리 속에 감사가 넘쳐나게 한다. 그리스도인이 얻는 것들이 자신의 합당한 자격 때문이 아님을 복음은 상기시킨다. 자신에게 복음을 전하는 그리스도인은 이 점을 이해한다. 따라서 그들은 점점 많이 감사하며, 감사하는 이들은 기쁨이 넘친다.

여섯째, 자신에게 복음을 전하는 자들은 소망이 점점 더 풍성해진다. 복음은 하나님이 약속하신 장래의 유토피아인 새 하늘과 새 땅에서 절정에 도달하기 때문이다. 복음은 "복낙원"에 관한 것이다. 모든 그리스도인에게는 울음도 통곡도 고통도 없는 영원한 미래가 보장되어 있다.

끝으로 자신에게 복음을 전하는 것은 결국 예배에 이르게 한다. 복음은 우리가 예배하는 궁극적 근거다. 요한계시록 5장은 천상에서 드려지는 예배를 묘사한다. 그 예배의 중심에는 죽임을 당했으나 이제는 승리의 보좌에 앉으신 어린양이 계시다. 박수소리와 환호성, 노랫소리가 울려 퍼진다. 복음에 한 걸음 더 깊이 다가갈 때마다 하나님의 선하심을 더 깊이 이해하게 된다. 복음이 감사의 예배를 드리게 만드는 것도 바로 그 때문이다.

나는 면도할 때, 운전할 때, 낙심될 때, 깊은 위안을 느낄 때, 나 자신에게 복음을 전한다. 나는 자주 실패하는데, 그럴 때에도 나 자신에게 복음을 전한다. 이것이 가장 중요하다. 내가 이 책을 쓴 것은 당신도 그렇게 하길 바라는 마음에서다.

"진정으로 복음을 듣는 것은 우리의 중심이 흔들리는 것이며, 변하는 것이다"라고 마크 데버가 말했다.[13]

나는 당신도 그렇게 되기를 간절히 바란다.

• 요약 •

1. 복음이란 단순히 그리스도의 죽으심과 부활 그 이상이다. 죄인과 우주를 구속하기 위해 그리스도 안에서 하나님이 영원한 과거에 행하신 일과 영원한 미래에 행하실 모든 계획에 관한 좋은 소식이다.
2. 자신에게 복음을 전할 때 얻는 일곱 가지 유익
   _ 정기적이며 반복적으로 하나님의 영광을 생각하게 한다.
   _ 겸손한 가운데 성장하게 된다.
   _ 죄책감과 열등감, 낮은 자아상에서 해방될 수 있다.
   _ 성화를 가속화한다.
   _ 감사가 넘쳐난다.
   _ 소망이 풍성해진다.
   _ 예배로 인도한다.

참고 도서

- Bridges, Jerry. *The Discipline of Grace: God's Role and Our Role in the Pursuit of Holiness*. Colorado Springs: NavPress, 2006. 특히, 3장 "자신에게 복음을 전하라"를 보라. 『날마다 자신에게 복음을 전하라』, 네비게이토.
- Edwards, Jonathan. *Religious Affections*. New York: Shepard Kollock, 1787. http://www.jonathanedwards.org/ReligiousAffections.pdf.
- Gilbert, Greg. *What Is the Gospel?* Wheaton, I.: Crossway, 2010. 『복음이란 무엇인가?』, 부흥과개혁사.
- Greear, J. D. *Gospel: Recovering the Power that Made Christianity Revolutionary*. Nashville: B&H, 2011. 『복음본색』, 새물결플러스.
- Whitney, Donald S. *Spiritual Disciplines for the Christian Life*. Colorado Springs: NavPress, 1991. 특히, 2장과 3장을 보라. 『영적 훈련』, 네비게이토.

1장

하나님의 예정은 우리의 안전이다

복음의 좋은 소식은 "영원 전의 선택"에 관한 교리에서 시작한다.

선택에 관해 생각할 때마다 나는 1950년대 말쯤부터 상영한 〈백만장자〉(The Millionaire)라는 텔레비전 연속극이 떠오른다. 온 가족이 흑백텔레비전 앞에 모여서 그 주간의 새로운 이야기에 관심을 쏟던 초등학교 시절의 기억을 나는 좋아한다. 이 연속극은 존 베레스포드 팁톤 Jr.라는 엄청난 부자가 후원자의 정체를 비밀에 붙인다는 조건으로 누군가에게 백만 달러를 기증하는 이야기다. 그 연속극에서는 매주 새로운 수혜자에 관한 이야기가 소개되었다.

팁톤의 음성이 배경으로 들렸으나, 그의 얼굴은 결코 보이지 않았다. 그는 신비한 인물이었다. 대신 그의 비서인 마이클 앤서니가 놀라는 수혜자들에게 백만 달러짜리 수표를 전해 주었다.

팁톤이 수혜자를 연이어 선택하는 이유는 전혀 설명되지 않았다. 수혜자 가운데는 가난한 사람도 있고 부유한 사람도 있었다.

어떤 때는 법을 준수하는 시민에게, 또 어떤 때는 교도소에 수감 중인 사람에게 수표를 전해 주었다. 팁톤은 예상치 않게 엄청난 돈을 받은 사람의 반응을 연구하고 싶었다.

수혜자의 친구와 이웃들은 질투심을 느낄 수 있었으나 자신에게 그 돈을 주지 않은 것을 두고 결코 팁톤을 비난하지는 않았다. 그 이유는 무엇일까? 팁톤에게 반드시 자선을 베풀 의무가 있지 않다는 것을 알고 있기 때문이다. 그들은 수혜자들이 그 돈을 받을 자격을 전혀 갖추지 않았다는 것도 알고 있었다. 그것은 팁톤의 돈이었고, 그가 원하는 대로 자유롭게 자선을 베풀 뿐이었다. 그들이 감명한 것은 팁톤의 관대함이었다.

마찬가지로 하나님은 그렇게 하실 의무가 없었는데도, 구원의 은혜를 값없이 선물로 받을 자들을 창세전에 사랑으로 택하셨다. 이 교리는 가장 큰 격려가 되는 복음 진리 가운데 하나다.

선택 교리가 주는 기쁨

그리스도인들은 종종 선택 교리를 피하려 들지만, 성경은 이 교리에서 넘치는 기쁨을 누릴 수 있다고 말한다. 바울이 에베소서 서두에 밝힌 내용이 좋은 예다.

찬송하리로다 하나님 곧 우리 주 예수 그리스도의 아버지께서 그리스도 안에서 하늘에 속한 모든 신령한 복을 우리에게 주시되 곧 창세전에 그리스도 안에서 우리를 택하사 우리로 사랑 안에서 그 앞에 거룩하고 흠이 없게 하시려고 그 기쁘신 뜻대로 우리를 예정하사 예수 그리스도로 말미암아 자기의 아들들이 되게 하셨으니(엡 1:3-5).

여기서 바울은 하나님의 자녀로 택하심(선택)과 예정을 언급한다. 문맥상 이 세 구절은 하나님 아버지의 구원 사역을 기쁨으로 찬양하는 내용의 서두다. 그 내용은 3절부터 14절까지 이어진다. 바울은 우리의 구속, 양자 됨, 성령의 은사, 우리의 성화를 기뻐한다. 그가 찬미하는 첫 번째 축복은 하나님의 백성을 택하시는 그분의 "선택"이다. 하나님 아버지께서 창세전에 그리스도 안에서 우리를 택하셨다. 사랑으로 우리를 예정하사 "자기의 아들들이" 되게 하셨다(엡 1:5).

예정과 선택은 바울을 낙담에 빠트리지 않는다. 바울은 비관적 숙명론의 렌즈로 이 주제를 들여다보지 않았다. 정반대다. 선택 교리는 하나님 아버지의 긴 축복 목록에 나오는 첫 번째 축복으로 바울을 고무시킨다. 그것은 기쁨과 열정, 소망이 넘치게 한다. 바울이 그토록 기뻐하는 이유는 무엇일까?

첫째, 바울이 하나님의 택하심을 기뻐하는 이유는 그 선택의 중심에 하나님의 구원하시는 사랑이 있기 때문이다. 4-5절에 따르면, 하나님은 사랑 안에서 우리를 예정하셨다. 하나님이 사람들을 택하시는 것은 그들을 기뻐하시기 때문이다. 다윗은 "나를 기뻐하시므로 나를 구원하셨도다"(시 18:19)라고 노래한다.

둘째, 바울이 하나님의 택하심을 기뻐하는 이유는 그 선택이 없다면 아무도 구원받지 못할 것이기 때문이다. 우리는 모두 죄인이며 죄 가운데서 죽은 상태다(엡 2:5). 우리는 하나님의 대적이다(롬 5:10). 우리는 하나님을 찾지 않는다. "깨닫는 자도 없고 하나님을 찾는 자도 없다"(롬 3:11). 이는 우리 모두 되도록 빨리 하나님에게서 달아나고 있다는 뜻이다. 그렇듯 하나님은 전적으로 무가치한 우리를 구원하기 위해 택하신다. 그분은 아무런 강요도 받지 않으시며, 우리에게 아무런 자격도 요구하지 않으신다. 존 베레스포드 팁톤 Jr.처럼 그분에게는 자비를 베푸실 의무가 없다. 하나님이 누군가를 택하시는 것은 무가치한 자에게 베푸시는 사랑 때문이다.

셋째, 바울이 하나님의 택하심을 기뻐하는 이유는 그것이 은혜의 기초이기 때문이다. 에베소서의 주요 주제 가운데 하나는 은혜다. 바울이 에베소서를 하나님의 택하심이라는 주제로 시작하는 것도 바로 그 때문이다. 은혜는 "공적 없이 얻는" 선물이다. 심판을 받아 마땅한 자들에게 주어지는 상급이다. 은혜는 그리스도께서 우리에게 임할 징벌을 대신 당하심을, 그래서 그리스도께 돌아감이 마땅한 상급을 우리가 얻을 수 있게 됨을 뜻한다. 이 상급은 우리가 더 나아지거나 더 열심히 노력해서 얻을 수 있는 것이 아니다. 하나님의 선물이다. 하나님의 택하시는 사랑을 요구할 자격이 없는 자들에게 주어지는 선물이다.

넷째, 바울이 하나님의 택하심을 기뻐하는 이유는 창세전에 성부 하나님이 택하신 자들을 구원하러 그리스도께서 오셨기 때문이다. 그분은 완벽한 삶을 사셨고, 오래전에 아버지께서 정해 두신 자들을 위해 대속의 죽음을 감당하셨다. 예수님은 아버지의 계획을 성취하기 위해 오셨다.

선택은 우리의 복음적 낙관론의 핵심이다. 모든 것을 절대적으로 주관하시는 하나님이 구원 얻을 자들을 창세전에 정하셨다. 그분은 앞으로 일어날 모든 일을 온전히 주관하시기 때문에 장래사를 모두 아신다. 하나님이 주관하시는 모든 일에는 우리의 구원도 포함된다.

선택 교리에 대한 다른 이해

선택 교리는 성경 전반에 걸쳐 나타나기 때문에, 모든 복음주의자는 나름의 관점으로 선택을 믿는다. 성경을 진지하게 대하는 사람이라면 이 주제를 무시할 수 없다. 그러나 어떤 사람은 하나님께 택함 받고 어떤 사람은 택함 받지 못한 이유에 대해서는 신실한 그리스도인들 사이에서도 의견이 다양하다. 어떤 이들은 하나님이 특정인을 택하시는 것은 그들이 내릴 믿음의 결단을 예견하시기 때문이라고 본다. 이것을 가리켜 "조건적" 선택이라고 부른다. 하나님이 나를 택하시는 것은 내 믿음의 결단을 조건으로 한다는 것이다. 다시 말해 역사의 과정을 내려다보시는 하나님이 내가 그리스도를 믿기로 결심할 것을 아셨고, 그래서 나를 택하셨다. 많은 사람이 처음 믿음을 가질 때 그렇게 생각한다. 여러 해 동안 나도 그런 견해를 지녔고, 성경 본문을 상세히 공부하기 전까지는 그 생각에 변함이 없었다.[1]

나는 상세하게 공부하면서 성경을 더 잘 이해할 수 있게 되었다. 하나님이 어떤 사람을 택하시는 것은 그 사람의 장점 때문이 아니다. 그분이 어떤 사람을 기뻐하시는 것은 단지 그렇게 하기로 결정하셨기 때문이다. 하나님은 주권적인 왕이시다. 그분은 우리에게 무언가를 설명하실 의무가 없다. 이 관점에서, 선택은 전부 은혜다. 존 베레스포드 팁톤 Jr.의 경우처럼, 그것은 아무런 공적도 없는 사람들에게 주어지는 혜택이다. 이 개념을 "무조건적" 선택이라고 부른다. 하나님의 택하심은 어떤 조건이나, 택함 받는 자에게서 예견되는 어떤 장점(예컨대, 믿으려는 결심)에 의존하지 않는다. 정반대다. 하나님은 예견되는 장점이 전혀 없음에도 우리를 택하신다. 그분이 우리를 택하시는 것은 우리 안에 있는 장점을 예견하셔서가 아니라 그 장점을 우리 안에 "조성하시기" 위해서다.

이 두 견해로 나눠지게 하는 분기점이 바로 "내재하는 죄"의 교리다. 무조건적 선택을 믿는 그리스도인은, 우리가 죄 안에서 "죽었고" 본질상 "진노의 자녀"라고 믿는다(엡 2:1-3). 우리가 죄 가운데서 죽었기 때문에 바울은 "하나님을 찾는 자가 하나도 없다"(롬 3:11)고 말한다. 즉, 하나님이 주도적으로 다가가지 않으시면 그 누구도 하나님께 돌이키거나 그분을 찾지 않을 것이다. 예수님은 이렇게 말씀하신다.

> 아버지 외에는 아들을 아는 자가 없고 아들과 또 아들의 소원대로 계시를 받는 자 외에는 아버지를 아는 자가 없느니라(마 11:27).

복음을 깊이 생각하는 일련의 사항들 중에 내가 왜 선택 교리를 포함시켰을까? 복음이 우리를 구원하기 위해 하나님이 행하신 일에 관한 이야기라면, 선택은 그 모든 일의 시작이다. 따라서 선택은 우리가 자신에게 전해야 하는 첫 번째 복음 진리다. 과거 세대는 그런 식으로 이해해왔다. 17세기 청교도식 표현을 빌면, "선택 교리에는 복음 전체의 개요가 담겨 있다."[2] 현대의 이안 머리는 "그리스도의 사역 전체는 선택 교리와 관련하여 이해되어야 하며 …… 그것 없이는 이해될 수 없다"[3]고 말했다.

선택 교리에 대한 반대 견해

이 교리에 대해 신실한 그리스도인들이 제기하는 사려 깊은 반대 견해도 많다. 여기서는 그중 가장 중요한 세 가지를 살펴보려 한다.

첫째, 무조건적 선택이란 공정하지 않다는 견해다. 많은 사람이 특별한 잘못도 없이 태어나기 전부터 천국 갈 기회를 배제 당하는 것은 불공평하다는 것이다.

그릇된 가정에 근거한다는 한 가지 사실을 제외하면 이 반박은 꽤 합리적이다. 그릇된 가정이란 인간이 선하며 모두 구원의 기회를 얻을 자격이 있다는 것이다. 그러나 성경이 가르치는 내용은 정반대다. 성경은 하나님이 공의에 철저하신 분이라고 가르친다. 하나님의 은혜와 자비, 사랑은 "자격 없는 자들"에게 주어진다. 따라서 하나님의 엄밀한 공정성에 따르면, 모두 지옥으로 가야 하며 구원 받을 자는 아무도 없을 것이다.

유일하게 부당한 대우를 받은 분이 있다. 바로 그리스도시다. 그분은 천국에 들어갈 자격을 갖춘 유일한 사람이셨다. 그러나 우리를 구원하기 위해 그분은 우리 죄를 대신 지고 십자가 고난을 당하셨다. 그분의 고난 때문에 우리는 영생을 누릴 수 있게 되었다. 불공평한 것은 바로 그 점이다!

둘째, 선택 교리는 하나님이 모든 사람을 사랑하신다는 성경 구절에 위배된다는 견해다. 요한복음 3장 16절이 좋은 예다. "하나님이 세상을 이처럼 사랑하사 독생자를 주셨으니." 그러나 선택 교리는 하나님이 택한 자들만 사랑하신다고 말한다. 이 반박 역시 합리적이다. 많은 성경 구절이 하나님의 보편적 사랑을 말한다. 『하나님의 사랑이라는 난해한 교리』(The Difficult Doctrine of the Love of God)라는 책에서 D. A. 카슨은 가장 적절한 답을 제시한다. 카슨은 모든 사람을 향하신 하나님의 일반적인 사랑을 긍정한다. 하나님은 모든 사람을 위해 죽으셨고, 모든 사람을 복음으로 초대하신다. 그러나 성경은 택함 받은 자들을 향한 하나님의 특별하신 사랑도 언급한다. "하나님은 택함 받지 않은 자들에게는 해당하지 않는 사랑을 택함 받은 자들에게 쏟으신다."[4]

내 생각에 카슨의 설명은 조금 애매하지만 적절하다. 때로 성경은 서로 맞지 않아 보이는 두 가지 진리를 애매하게 제시한다. 신실한 그리스도인들은 그대로 받아들인다. 선택과 관련해서도 우리가 이해할 수 없지만 받아들여야 하는 내용이 많다. 참된 칼빈주의자는 신비에서 비롯되는 긴장 상태를 기꺼이 수용한다.

셋째, 인간의 책임과 관련한 반대 견해다. 이 견해는 하나님이 창세전에 특정한 개인을 택하신다면(구원 받을 자들이 미리 결정된다면) 기도나 복음 전도를 행할 이유가 없지 않느냐고 반박한다. 여기에 또 다른 신비가 있다. 하나님의 주권과 인간의 책임의 관계에 관한 신비다. 옛날에 많이 사용되던 회중시계의 뚜껑을 열면, 움직이는 톱니바퀴들을 볼 수 있다. 어떤 것은 시계 방향으로, 또 어떤 것은 시계 반대 방향으로 움직인다. 얼핏 보면, 시계가 제대로 작동하지 않는 것처럼 보인다. 그러나 그 반대의 움직임들이 서로 협력하여 정확한 시간을 알려준다.

하나님의 주권과 인간의 책임의 협력도 유사하다. 둘 다 참이다. 하나님이 전적으로 주관하신다. 하나님의 허락 없이는 참새 한 마리도 떨어지지 않으며, 하나님은 우리 머리털까지 다 세고 계신다(마 10:29-30). 동시에 우리가 하는 실제적인 선택은 변화를 일으키며, 그 선택에 대해 심판 날에 책임을 질 것이다(고후 5:10).

겸손한 그리스도인들은 기꺼이 신비를 받아들인다. 하나님은 무한하시다. 따라서 인간으로서는 이해할 수 없는 거대한 영역들이 있다. 회중시계의 톱니바퀴들처럼, 하나님의 주권과 인간의 책임이라는 두 개념이 성경 전반에 걸쳐 평행선을 긋고 있다. 비록 우리가 이해할 수는 없지만, 이들은 신학적으로 조화를 이룬다. 신학자들은 이것을 양립가능론(compatibilism)이라 부른다.

양립가능론에 따르면, 인간의 구원이 예정되었지만 하나님이 사람들의 기도를 들으시고, 그 기도가 하나님을 움직여서 구원받지 못한 사람들을 구원하게 한다. 이 일들이 어떻게 조화를 이루는지 우리는 이해할 수 없다. 단지 우리는 믿을 뿐이다. 사도들은 예정과 선택을 믿었지만, 잃어버린 자들에게 복음을 전하기 위해 그들만큼 많이 기도하고 애쓴 자들도 없었다.

어떻게 적용할 것인가

"당신의 이야기는 설득력이 있어요. 그렇지만 왜 이 교리에 매달려야 하죠? 왜 이 교리를 소중히 여겨야 하죠? 왜 내가 아침에 일어나자마자 이 교리를 되새겨야 하죠? 이 교리가 구원에 필수적인 것은 아니잖아요?"

이 같은 반문은 옳다. 무조건적 선택을 믿지 않는 수많은 사람도 구원 받는다. 그러나 확신하기로는, 무조건적 선택을 받아들이기 전까지는 하나님을 아는 지식이 풍성해지지 않을 것이다. 게다가 하나님의 은혜나 그분의 사랑을 진정으로 체험하지도 못할 것이다. 우리의 기쁨도 줄어들 것이다. 하나님을 아는 지식이 풍성해지고 그분의 은혜를 누리는 데 선택 교리가 결정적으로 중요하기 때문이다.

선택과 하나님을 아는 지식은 무슨 연관이 있을까? 하나님의 영광은 그분의 충만한 선하심과 비슷한 말이며, 선택은 하나님의 영광을 대변한다. 앞서 보았듯이, 모세와 하나님의 대화에서 이 점이 분명해진다. 모세가 하나님의 영광을 보여 달라고 요청하자 하나님이 이렇게 말씀하셨다.

내가 내 모든 선한 것을 네 앞으로 지나가게 하고 여호와의 이름을 네 앞에 선포하리라 나는 은혜 베풀 자에게 은혜를 베풀고 긍휼히 여길 자에게 긍휼을 베푸느니라 또 이르시되 네가 내 얼굴을 보지 못하리니 나를 보고 살 자가 없음이니라(출 33:19-20).

이 말씀의 중심(즉, 하나님의 영광의 중심)에 "나는 은혜 베풀 자에게 은혜를 베풀고 긍휼히 여길 자에게 긍휼을 베푸느니라"는 문장이 있다. 긍휼히 여길 자를 택하시는 하나님의 자유는 그분의 선하심, 그분의 영광을 드러낸다.

그러나 대부분은 이런 식으로 생각하지 않는다. 많은 그리스도인이 하나님의 역할보다 인간의 역할을 더 크게 여긴다. 그러나 무조건적 선택에 대한 믿음은 하나님에 관한 우리의 시각을 넓혀준다. 에베소서 1장에 설명된, 주권적이신 하나님에 관한 바울의 관점은 참되고 만족스러우며 위안을 준다.

선택 교리가 중요한 둘째 이유가 있다. 하나님의 선택하시는 자유는 성경적인 은혜의 기초다. 앞에서 보았듯이, 하나님이 우리를 택하시는 것은 우리의 선행을 내다보시기 때문이 아니라 우리 안에 선행을 조성시키시기 위해서다. 이 때문에 우리는 하나님 안에서 안식하며 그 사랑을 확신할 수 있다. 하나님이 내 안의 어떤 미덕(예컨대 믿음)을 내다보기 때문에 나를 택하신다면, 나를 향한 그분의 사랑은 내 공적에 기초할 것이다. 이것이 사실이라면, 내가 계속 공적을 쌓지 않을 경우 그분은 나를 버리실 것이다. 반면 아무런 공적이 없는데도, 수많은 죄와 실패에도 하나님이 나를 택하셨다면 나는 영원히 안전하다.

다시 말해 무조건적 선택 개념은 안전감을 고조시킨다. 반면 조건적 선택 개념은 불안을 고조시킨다. 무조건적으로 택하시는 하나님의 사랑은 모두 잘 알고 있는 다음 말씀의 기초가 된다.

> 내가 확신하노니 사망이나 생명이나 천사들이나 권세자들이나 현재 일이나 장래 일이나 능력이나 높음이나 깊음이나 다른 어떤 피조물이라도 우리를 우리 주 그리스도 예수 안에 있는 하나님의 사랑에서 끊을 수 없으리라(롬 8:38-39).

이제 우리는 바울이 하나님의 여러 축복을 기뻐할 때 "선택"에서 시작한 이유를 알 수 있다. "곧 창세전에 그리스도 안에서 우리를 택하사 사랑 안에서 …… 우리를 예정하사 예수 그리스도로 말미암아 자기의 아들들이 되게 하셨으니"(엡 1:4-5).

무조건적 선택은 우리의 안전이다. 무조건적 선택은 하나님의 영광의 깊이를 측량하도록 도와주는 단서다. 또한 그것은 하나님의 거저 베푸시는 은혜와 긍휼과 사랑의 표현이다.

성부 하나님의 택하심에 근거하여 성자 하나님이 창세전에 택함 받은 자들을 구원하러 오셨다. 즉 택하심은 복음 은혜의 근거이자 무조건적인 하나님 사랑에 대한 우리 확신의 분명한 근거다.

자신에게 하나님의 예정과 선택을 전하라

이 진리를 정기적으로 자신에게 전하는 자들은 용기를 얻는다. 실패로 낙심한 그리스도인에게, 죄 때문에 하나님의 사랑에서 끊어질 것을 우려하는 그리스도인에게 무조건적 선택 교리는 이렇게 말한다. "하나님은 네 공적 때문에 너를 택하신 것이 아니다. 따라서 그분이 네 실패 때문에 너를 버리는 일은 없을 것이다. 너는 안전하다. 그분의 사랑은 네가 하는 일에 좌우되지 않는다. 하나님이 너를 택하신 것은 너를 기뻐하시기 때문이다. 다른 이유는 없다."

이것은 범죄 허가증이 아니다. 거듭남의 첫째 표지는 거룩함을 향한 갈망이며, 죄에서 돌이키려는 간절한 열망이다. 그리스도인은 하나님 나라의 시민이다. 그들은 하나님의 권세를 기뻐한다. 사실 자칭 그리스도인이라고 하면서 계속 불순종하는 상태에 머물러 있다면, 그것은 거듭나지 않았다는 증거다.

복음을 완고하게 거부하는 비그리스도인 친구 때문에 낙심하는 자에게 선택 교리는 이렇게 말한다. "그 무엇도 하나님의 구원 계획을 무산시키지 못한다. 그 누구도 하나님의 뜻을 거부하지 못한다. 하나님은 주권자이자 전능자시다. 계속 기도하라. 계속 증언하라. 포기하지 말라. 하나님은 가장 완악한 심령도 변화시키실 수 있다."

어떻게 하나님이 자신을 사랑하실 수 있을지 의심하는 자에게 선택 교리는 이렇게 말한다. "하나님이 왜 너를 택하셨는지 너는 결코 알지 못하겠지만, 그분은 그렇게 하셨다." 무조건적으로 선택하시는 하나님은 이렇게 말씀하신다. "네 공적에 근거해서가 아니라 네게 공적이 없음에도, 내가 창세전에 너를 사랑했노라."

자신에게 복음을 전하는 기쁨을 아는 자들은 무조건적 선택 개념에 흔들리지 않는다. 도리어 바울처럼 이 놀라운 진리를 단단히 붙든다.

> 찬송하리로다 하나님 곧 우리 주 예수 그리스도의 아버지께서 그리스도 안에서 하늘에 속한 모든 신령한 복을 우리에게 주시되 곧 창세전에 그리스도 안에서 우리를 택하사 우리로 사랑 안에서 그 앞에 거룩하고 흠이 없게 하시려고 그 기쁘신 뜻대로 우리를 예정하사 예수 그리스도로 말미암아 자기의 아들들이 되게 하셨으니(엡 1:3-5).

낙심하거나 죄책감을 느낄 때, 스스로 자격 없는 자라고 느낄 때, 선택 교리는 우리의 원기를 회복시킨다. 우리가 교만하여 다른 사람을 무시하고 싶을 때, 선택 교리는 겸손케 하는 치료제로 작용한다.

아침에 잠에서 깰 때 가장 먼저 드릴 기도, 그리고 잠을 청하려고 베개에 머리를 누이기 전에 마지막으로 올려야 할 기도는 이것이어야 한다. "하나님, 주의 자녀로 저를 선택해 주신 것을 감사드립니다."

"하나님 아버지, 저를 선택해 주셔서 감사합니다. 주의 선택은 주권적인 은혜에 따른 결정이었습니다. 제대로 설명할 수 없는 이유들 때문에 주님은 영원 전부터 저를 기뻐하셨습니다. 저는 그런 대우를 받을 만한 일을 한 적이 전혀 없습니다. 주께서 나를 지명하셨고, 오직 주의 사랑으로 나를 구원하기 위해 아들을 보내셨습니다. 다른 이유는 없습니다. 주의 택하시는 사랑이 무조건적이기 때문에 저는 영원히 안전합니다. 내가 주를 찬양하며 경배합니다."

요약

1. 선택 교리란, 모든 것을 주관하시는 하나님이 아무런 값없이 구원 얻을 자들을 창세전에 택하셨다는 것이다.
2. 선택 교리를 기뻐하는 세 가지 이유
   _ 하나님의 구원하시는 사랑이 있다.
   _ 선택이 없다면 아무도 구원받지 못했을 것이다.
   _ 하나님의 선택은 은혜의 기초다.
3. 선택 교리는 우리를 구원하기 위해 하나님이 행하신 일의 시작이며, 그 구원에서 우리를 안전하게 지켜준다.

참고 도서

- Grudem, Wayne. *Systematic Theology: An Introduction to Biblical Doctrine*. Grand Rapids: Zondervan, 1994. 특히 16장 "하나님의 섭리"와 32장 "선택과 유기"를 보라. 『웨인 그루뎀의 조직 신학』, 은성
- Pink, Arthur W. *The Sovereignty of God*. Blacksburg, VA: Wilder Publications, 2008.
- Sproul, R. C. *Chosen by God*. Wheaton, IL: Tyndale, 1986. 『하나님의 예정과 선택』, 생명의말씀사.
- Storms, Sam. *Chosen for Life: The Case for Divine Election*. Wheaton: IL: Crossway, 2007.

Hidden in the Gospel

2장

그리스도의
무한한 낮아지심

하나님의 택하심을 자신에게 전하기 때문에 우리는 그분의 사랑 안에서 안식할 수 있다. 복음의 둘째 좋은 소식인 "성육신" 교리는 우리를 위한 하나님의 놀라운 사랑을 한층 분명해지게 한다.

나는 60대 중반이지만 여전히 운동을 좋아한다. 내가 택하는 무기는 30년 된 18단 장거리주행 자전거다. 벼룩시장에서 150달러에 구입한 것이다. 저렴한 가격에도 성능이 좋다. 나는 일주일에 몇 차례 자전거로 운동한다. 멀리까지 가지 않고 아주 빠르게 달리지도 않지만, 스트레스 풀기엔 안성맞춤이며 혈압도 내려 준다.

나는 비싼 자전거 복장을 갖추지 않는다. 날씨가 따뜻할 때에는 오래된 검정색 수영복에 땀을 잘 흡수하는 티셔츠나 가볍고 헐거운 셔츠를 입는다. 신발도 15년이나 되었다. 내 피부는 밀가루반죽처럼 희고, 내 몸에는 체지방이 지나치게 많다(내가 운동하는 이유다).

최근에 자전거를 타다가 하나님의 강력한 음성을 들은 일이 있었다. 그날은 약 5킬로미터 정도 달렸을 때쯤 타이어가 터져 버리는 바람에 타이어를 수리하기 위해 자전거를 끌고 도로 가장자리로 갔다. 사실 나는 기계 다루는 데 소질이 없다. 15분이 지나도 제대로 수리되지 않았다.

그때 선한 사마리아인 같은 한 사람이 끙끙대는 내 모습을 보고 도움을 자청했다. 그는 40세가량 되어 보였고, 카본 소재의 5천 달러짜리 로드바이크를 탔다. 그가 입은 전문 사이클 복장은 500달러 정도 될 것 같았다. 그의 몸매는 조각품 같았다. 체지방이 1퍼센트도 없어 보였다. 가볍게 그을린 구릿빛 피부가 적절한 부위에 솟은 근육들을 덮고 있었다.

"좀 도와드릴까요?" 그가 친절하게 물었다.

"타이어 교체가 쉽지 않네요."

그는 안주머니에서 초경량 자전거 도구들을 꺼내어 재빨리 수리하기 시작했다.

"오늘 어느 정도나 탔어요?" 하고 내가 물었다.

"100킬로미터 정도요. 300킬로미터 경기를 위해 훈련하는 중이거든요. 선생님은 어떠세요?"

약간 당황한 나는 "25킬로미터쯤 탔나 봐요"라며 과장했다. 사실 25킬로미터 정도면 최근 2개월 중 하루 동안 탄 거리로는 가장 길었다.

그 순간 (싸구려 복장에 30년 된 자전거를 타는 뚱뚱한 할아버지인) 나는 잔뜩 주눅이 들었다. 당황했고, 그에게 잘 보이고 싶었다. 그러나 그 상황에서 내가 내세울 만한 것은 별로 없었다.

나는 다시 자전거에 올라탔다. 그 친구는 이내 시야에서 흐릿해졌다. 몇 킬로미터를 달리면서 나는 상처 입은 감정을 달래고 있었다. 기분이 약간 회복될 때쯤, 멀찌감치 앞서 가는 두 대의 자전거가 눈에 들어왔다. 더 가까이 다가가자 그들의 모습이 뚜렷이 보였다. 그들은 둘 다 비만이었고, 탱탱하게 부풀어 오른 타이어를 부착시킨 일단 자전거에 앉아 시속 8킬로미터 정도로 비틀거리며 내려가고 있었다. 나는 금방 그들과 가까워졌고, 그들을 앞서가면서 우월감을 느끼기 시작했다. '정말 느리고 몸매도 엉망이군. 나는 저 사람들과 달라. 저들에 비하면 내 몸매는 훌륭해.'

그로부터 1킬로미터쯤 갔을 때, 성령이 내 허물을 깨우치셨다. 교만은 큰 죄다. 이 사실을 나만큼 잘 아는 사람도 드물 것이다. 나는 『겸손, 복음의 능력』이라는 책에서 이 주제를 다루었다.[1] 다른 모든 죄가 교만을 먹고 자란다. 교만이 마귀를 타락시켰다(사 14:12-18). 그것은 원죄의 뿌리다. 그날 나는 교만함을 드러내는 두 가지 징후를 내 마음속에서 발견했다.

첫째는 건장하고 진지한 젊은이가 내 자전거 타이어를 고쳐주었을 때 느낀 위축감이다. 내가 그 앞에서 위축되는 느낌을 받은 것은 실제 나 자신과는 다른 모습이길 원했기 때문이다. 나는 체지방 없는 조각 같은 몸매에 비싼 도구를 갖춘 사람이 아니었다. 나는 나 자신의 모습을, 내가 처한 삶의 단계를, 또는 하나님에게 받은 몸매를 행복해하지 않았다. 겸손은 어느 상황에서든 만족하는 마음으로 하나님께 감사드리게 한다. 내가 겸손해진다면 내 친구의 조각 같은 몸매를 보고 기뻐할 것이다. 그러나 교만한 마음은 주어진 상황에 결코 만족할 줄 모른다. 교만은 항상 더 많은 것을 갈망한다. 겸손은 내 연약함과 내 친구의 강건함을 하나님께 감사한다. 그러나 나는 그렇지 않았다. 나는 나 아닌 어떤 것을 원했다. 바로 그것이 사단이 범한 죄였다. "가장 높은 구름에 올라가 지극히 높은 이와 같아지리라"(사 14:14). 위축되는 느낌은 이 끔찍한 죄가 내 마음속에서 작용함을 나타내는 증거다.

둘째 징후는 더 심각했다. 바로 비대한 두 사람을 앞지를 때 내 마음속에 일어난 거들먹거리는 태도다. 이제 상황이 바뀌었다. 내가 우위에 있었다. 조금 전에 내가 처한 것과 같은 위치에 있는 사람들을 나는 얕잡아보고 있었다. 그들에게 우월감을 느꼈다. 그것은 추한 죄였다. 나는 교만했다. 내게는 구주가 필요했다!

좋은 소식은 복음이 나를 구주께로 이끈다는 것이다. 그래서 나는 성육신의 좋은 소식을 나 자신에게 전했다.

죄와 고통의 근원, 교만

교만이 문제다. 우리는 원죄를 지니고 태어난다. 그 근원은 아담이다. 원죄의 핵심이 교만이다. 교만은 대부분 우리가 자각하지 못하는 방식으로 끊임없이 우리 속에 영향을 끼친다.

뱀은 하와에게 금단의 열매를 먹으면 하나님처럼 되어 선악을 알게 될 거라고 말했다(창 3:5). 하와는 유혹을 견디지 못하고 금단의 열매를 먹었다. 그러고 나서 아담에게도 먹으라고 권했다. 그들의 눈이 열렸지만, 하나님과 같은 존재라는 실재에 대해서가 아니었다. 그들은 다른 어떤 존재가 되었다고 하는 "기만"에 눈뜬 것이다. 그들은 하나님처럼 되고 싶었다. 그것이 문제였다. 그 소원이 싹트도록 그들이 허용했을 때, 하나님이 심판하셨다. 그들 자신의 원래 모습 그 이상의 존재가 되었다는 기만을 하나님이 심판하셨다. 다시 말해서 하나님은 그들을 그 악한 소원에 넘겨주셨다. 그날 이후 지금까지, 인류의 근본적인 문제는 자신의 실상에 만족하지 못하고 자신을 높이려는 욕망이다. 그 욕망은 잉태되는 순간부터 우리를 지배한다.

원죄의 핵심인 교만은 다른 모든 죄를 길러낸다. 예를 들어, 우리가 다른 이들에게 조바심을 내는 것은 자신의 요구나 생각, 가치가 다른 이들의 것보다 중요하다고 생각하기 때문이다. 같은 맥락에서 이기심도 교만의 표현이다. 내가 이기적인 것은 다른 사람보다 내가 더 중요하기 때문이다. 따라서 다른 사람을 희생시켜서라도 나를 행복하게 하려 한다. 교만의 또 다른 표현은 자랑이다. 비판적인 말은 어떤가? 우리가 다른 사람을 비판하는 것은 우월감을 느끼거나 자신을 더 낮게 보이려는 마음에서다. 이 밖에도 많은 예를 들 수 있다.

또한 우리의 고통 중 대부분이 교만 때문이다. 내 경험에서 보았듯이, 교만은 불안과 안달, 초조와 불행의 뿌리다. "그렇다면 자기 연민이나 실패 의식에 사로잡힌 자들은 어떠한가?"라고 스튜어트 스코트는 묻는다. "그것 역시 교만이다. 그것은 교만이라는 '동전'의 또 다른 면일 뿐이다. 자기 연민에 사로잡힌 자들은 자아에 지나치게 몰두한다."[2]

여기 복음이 있다. 그리스도의 성육신이 교만한 자들을 구원한다. 그것은 복음의 중요한 측면이다. 성육신은 우리 같은 그리스도인들의 교만을 대속하기 위한 것이다.

무한히 낮아지시다

성육신이라는 용어는 그리스도의 자기 비움(self-emptying)을 묘사한다. 하나님의 아들이 자신을 낮추어 인간의 몸을 입으셨다. 그분은 신성과 인성의 두 가지 속성을 공유하셨다. 두 속성을 지녔으나 오직 한 인격이셨다. 이것은 기독교 특유의 개념이다.

성육신은 누구나 생각해낼 수 있는 교리가 아니다. 우리의 죄성은 정반대(자신을 높이는 방향)로 향하는 성향이 있다. 사람들이 고안하는 신은 그들 자신과 비슷하다. 고대 그리스와 로마의 신들이 이기적이고 자신을 높이며 자아도취적인 것도 바로 그 때문이다. 오래된 크리스마스카드에 적힌 문구가 이 점을 잘 나타낸다. 많은 사람이 하나님을 자처해 왔으나, 하나님은 낮아져 사람이 되셨다. 시저, 파라오, 마하리시 마헤시 요기, 그리고 대부분의 뉴에이지 선견자를 생각해 보라. 그들 모두 신성을 추구한다. 그러나 성육신은 정반대다. 하나님은 자신을 낮추시고 전적으로 비워서 사람이 되셨다.

이것을 제대로 이해하기 위해서는 하나님의 무한하심을 생각해야 한다. 하나님과 그분의 성품에는 한계가 없다. 하나님은 영이시므로 물질적인 실체로 존재하지 않으신다. 유한한 몸 안에 갇혀 계시지도 않는다. A. W. 토저는 "하나님이 무한하시다는 것은 그분이 측량되실 수 없다는 뜻"이라고 말했다.[3]

그러므로 정의상 "유한한" 것은 아무리 크더라도 무한한 것에 비하면 아무것도 아니다. 무한하신 하나님에 비하면 수많은 별을 포함한 우주도 아주 작고 하찮다. 하나님의 무한성이 커질수록 우주는 상대적으로 더 작아진다. 하나님의 위대하심을 측량할 수 없다고 말한 시편 145편 3절은 바로 그 점을 언급하고 있다. 이사야 선지자는 이렇게 말한다.

> 보라 그에게는 열방이 통의 한 방울 물과 같고 저울의 작은 티끌 같으며 섬들은 떠오르는 먼지 같으니 …… 그의 앞에는 모든 열방이 아무것도 아니라 그는 그들을 없는 것같이, 빈 것같이 여기시느니라 (사 40:15, 17).

열방이 "통의 한 방울 물"과 같다! 하나님에 비하면 지구상의 70억 인구는 양동이에 담긴 작은 물 한 방울에 지나지 않는다.

계속해서 이사야는 열방이 저울의 작은 티끌 같다고 말한다. 그 티끌의 무게가 얼마나 되겠는가? 그것은 저울을 전혀 움직이지 못한다. 그것은 무의미하다.

더 나아가 과거와 현재와 미래의 모든 열방이 하나님에게는 "없는 것같이, 빈 것같이" 간주된다.

우리는 모두 살과 피를 지녔으므로 "빈 것"이 아니다. 그런데 이사야는 왜 그렇게 표현했을까? 그는 우리가 유한하며 하나님이 무한하시다는 사실을 알고 있다. 또한 유한한 것은 무한한 것에 비하면 거의 무의미함을 알고 있다.

내가 이 이야기를 하는 것은 당신을 낙심시키기 위해서가 아니다. 정반대다. 성육신을 제대로 이해하려면 이 사실을 알아야 한다. 죄가 심각해지는 만큼 은혜는 감미로워진다. 우리의 실제 모습을 아는 만큼 성육신은 더 놀라워진다. 성육신에 별 다른 감격을 느끼지 못하는 것은 자신을 너무 높게 여기기 때문이다.

예수님이 하나님이라면, 그분이 유한한 인성을 취하기 위해 무한히 영광스러운 위치에서 낮아지셨다면, 그분의 낮아지심은 "무한한" 비우심이다. 그분은 "무한한" 단계를 낮아지셨다. 이것이 우리처럼 미약하고 보잘것없고 유한한 피조물을 향하신 하나님 사랑의 크기다. "지식에 넘치는 그리스도의 사랑"이다(엡 3:19). 17세기의 위대한 청교도 설교가인 존 플라벨은 이 진리를 다음과 같이 표현했다.

태양이 천체의 자리에서 떨어져나가 떠다니는 하나의 원자로 전락하더라도, 천사가 하늘에서 추락하여 한 마리 파리나 벌레로 변하더라도 그다지 대단한 비하는 아닐 것이다. 그들은 예전에도 피조물이었고, 상대적으로 더 열등한 상태로 전락했을 뿐이기 때문이다. 피조물 가운데 가장 높은 종류와 가장 저급한 종류의 거리도 유한하다. 천사와 벌레는 상대적으로 높고 낮을 뿐이다. 그러나 무한히 영화로우신 만유의 창조주가 피조물이 되시는 것은, 인간의 모든 이해를 넘어선 신비다. 가장 높은 위치에 있는 피조물일지라도 하나님과의 거리는 무한하다.[4]

그리스도께서 무한한 거리를 내려오신 이유는 무엇일까? 우리 죄를, 하나님 보시기에 무한히 심각한 죄악들을 대속하시기 위해서다.

일곱 단계로 낮아지시다

성경에서 "7"이라는 숫자는 완성이나 완전을 나타낸다. 빌립보서 2장에서 바울은 성육신을 일곱 단계의 낮아지심으로 묘사한다.

너희 안에 이 마음을 품으라 곧 그리스도 예수의 마음이니 그는 근본 하나님의 본체시나 하나님과 동등 됨을 취할 것으로 여기지 아니하시고 오히려 자기를 비워 종의 형체를 가지사 사람들과 같이 되셨고 사람의 모양으로 나타나사 자기를 낮추시고 죽기까지 복종하셨으니 곧 십자가에 죽으심이라(빌 2:5-8).

1단계 "하나님과 동등 됨을 취할 것으로 여기지 아니하시고"

첫째, 6절에 따르면 예수님은 하나님과 동등하셨음에도 그 동등함을 취하지 않으셨다. 다른 이들과 동등함을 "취하는 것"은 우리가 거의 모든 상황에서 반사적으로 보이는 반응이다. 자전거 타이어 수리를 도와주었던 건장한 젊은이 앞에서 내가 보인 것도 그런 반응이다. 마음속으로 나는 동등함을 움켜잡았다. 나는 그의 인정과 수용을 갈망했다. 사실 교만은 우리 속에 매우 깊이 자리 잡고 있기 때문에 우리는 동등함을 취하는 것으로 만족하지 않는다. 궁극적으로 우월함을 움켜잡으려 한다.

그러나 예수님은 정반대로 행하셨다. 그분은 "하나님과 동등 됨을 취할 것으로 여기지" 않으셨다. 여기서 우리는 그분이 손 아래 하나님이 아니셨음을 기억해야 한다. 그분은 성부 하나님 보다 열등하지 않으셨다. 성자 하나님이셨으나, 권능과 힘과 위 엄에서 성부 하나님과 완전히 동등하셨다. 그분은 온전히 하나 님이셨다!

그럼에도 빌립보서는 그분이 "하나님과 동등 됨을 취할 것으 로 여기지" 않으셨다고 말한다. 그분은 신적 영광을 스스로 포 기하셨다. 권리 주장에 혈안이 된 문화에서 이러한 개념은 매우 낯설다. 예수님은 신성의 특권을 스스로 버리셨다. 그분은 흔쾌 히 자신을 아버지의 권위 아래 두었고 아버지의 모든 명령에 기 꺼이 복종하셨다. 권위에 복종하는 자는 누구든 이런 태도를 취 해야 한다. 이것은 아내와 자녀, 시민과 피고용인에게 요구되는 태도다. 가치 면에서는 동등하지만, 그들은 상대방과 동등함을 주장하지 않는다. 그 권리를 스스로 포기한다. 그들은 상대방의 소원과 필요, 성공을 자신의 것보다 중요하게 여긴다.

2단계 "자기를 비워"

예수님은 둘째 단계로 낮아지셨다. 7절은 예수님이 자신을 비 우셨다고 말한다. 이 개념은 양동이를 뒤집어서 그 내용물을 완 전히 쏟아냄을 나타낸다. 예수님은 무엇을 비우셨는가? 그분은 자신의 신성을 비우지 않으셨다. 예수님은 온전히 하나님이셨다.

예수님이 비우신 것은 신성의 유익과 특권이다. 예를 들어, 그분은 겸손함으로 전능성을 비우셨고 연약함으로 자신을 강하게 하셨다(고후 13:4). 하나님의 전지성을 비우셨다. 재림 시점에 대한 질문을 받았을 때, 그분은 "그날과 그때는 아무도 모르나니 하늘의 천사들도, 아들도 모르고 오직 아버지만 아시느니라"(마 24:36)고 대답하셨다.

예수님은 자신에게서 불멸성(immortality)을 비우셨다. 그분은 자발적으로 죽음에 복종하셨다. 천사의 끊임없는 찬양을 들을 권리를 자신에게서 비우고 수치와 조롱의 대상이 되셨다. 그분은 심판 권한을 비우셨다. 그 대신 유대와 로마의 법정들이 그분을 심판했다. 이것은 예수님이 자신을 비우신 사실에 대한 부분적 사례들일 뿐이다.

3단계 "종의 형체를 가지사"

7절은 예수님이 셋째 단계로 낮아지셨음을 보여준다. 그분은 종의 형체를 가지셨다. 즉, 아버지의 종이 되셨다. "종"에 해당하는 헬라어 "둘로스"(doulos)는 노예를 가리킨다.

노예는 멸시의 대상이다. 미국 남북전쟁 전, 옛 남부에는 노예제가 존재했다. 우리는 노예제를 생각만 해도 거부감을 느낀다. 그러나 예수님은 스스로 노예가 되셨다. 자신의 결정권을 포기하고 전적으로 의존적인 존재가 되셨다. "아들이 아버지께서 하시는 일을 보지 않고는 아무것도 스스로 할 수 없나니"(요 5:19)라고 말씀하셨다. 그것은 짐이 아니었다. 도리어 예수님은 그렇게 하는 것을 기뻐하셨다. "나의 양식은 나를 보내신 이의 뜻을 행하며 그의 일을 온전히 이루는 이것이니라"(요 4:34).

4단계 "사람들과 같이 되셨고"

7절은 예수님이 넷째 단계로 낮아지셨음을, 사람의 모양으로 태어나셨음을 보여준다. 만물의 창조주가 피조물인 인간의 몸을 입으셨다. 토마스 왓슨은 "창조 때 인간이 하나님의 형상대로 지음 받았고, 성육신에서는 하나님이 사람의 형상을 입으셨다"고 말했다.[5] 이것은 참으로 놀라운 낮아지심이다.

하나님은 무한하시다. 그분은 자신의 모든 피조물을 철저히 초월하시므로, 제2계명에서는 그 어떤 물질적 형상이나 그림으로도 자신을 섬기지 말라고 명하신다. 그러나 그리스도는 유한한 인간의 몸을 입을 정도로 낮아지셨다. 참으로 놀라운 일이다.

5단계 "복종하셨으니"

다섯째로 예수님은 복종으로 자신을 낮추셨다. 노예와 마찬가지로 복종은 거부감을 주는 개념이다. 오늘날 문화는 자유와 자율, 자기만족을 높게 평가한다. 그러나 예수님의 복종은 자발적인 것이었다. 불순종이 교만의 표현이듯 자발적인 순종은 겸손의 표현이다. 복종은 그 대상에게 "당신과 당신의 생각이 저와 제 생각보다 중요합니다"라고 말하는 것이다.

궁극적인 복종 대상은 사람이 아니라 하나님이다. 우리가 사람의 권위에 복종하는 것도 하나님을 기쁘시게 하길 원하기 때문이다. 예수님의 자세가 그러했다. 먼저 그분은 자신과 동등하신 하나님 아버지께 복종하셨다. 또한 하나님 아버지를 기쁘시게 하기 위해 부모와 랍비에게, 심지어 압제적 통치자인 본디오 빌라도에게도 복종하셨다. 이것은 예수님의 품위를 떨어뜨리지 않았다. 정반대였다. 그분에게 힘을 주고 기쁨을 주었다.

나의 하나님이여 내가 주의 뜻 행하기를 즐기오니 주의 법이 나의 심중에 있나이다(시 40:8).

나의 양식은 나를 보내신 이의 뜻을 행하며 그의 일을 온전히 이루는 이것이니라(요 4:34).

6단계 "죽기까지"

여섯째, 예수님은 죽기까지 복종하셔서 자신을 낮추셨다. 하나님 아버지가 그분의 죽음을 요청하셨다. 예수님은 종의 자세를 취하셨기 때문에 주저 없이 "내가 주의 뜻 행하기를 즐기오니"(시 40:8)라고 말씀하셨다.

"그게 무슨 대수인가? 누구나 죽지 않는가?"라고 반문할 수도 있다.

우리가 죽는 것은 죄인이기 때문이다. "선악을 알게 하는 나무의 열매는 먹지 말라 네가 먹는 날에는 반드시 죽으리라"(창 2:17)고 하나님이 아담에게 경고하셨다. "죄의 삯은 사망"이다(롬 6:23). 그러나 예수님은 "무죄한" 하나님 아들이시다. 그분은 결코 죄를 지은 적이 없으므로 죽음과는 아무 상관이 없으셨다. 그분이 죽으신 것은 아버지의 요청에 순종하셨기 때문이다. 게다가 성경은 사망이 하나님의 원수라고 말한다(고전 15:26). 하나님은 죽음을 증오하신다. 그것은 그분께 죄와 심판과 인간의 실패를 상기시킨다.

예수님이 우리 죄를 대신 담당하지 않았다면, 결코 죽음을 보지 않으셨을 것이다. 겟세마네 동산에서 그분은 대속의 죽음을 당하기로 결심하셨다. 그 다음날, 우리 죄를 전가 받은 상태로 그분은 십자가에서 죽으셨다. 그분이 가장 증오하는 죽음을 친히 당하기까지 복종하신 것이다.

그것은 이해할 수 없는 겸손이다.

7단계 "십자가에 죽으심이라"

끝으로, 예수님의 죽음은 단순한 것이 아니었다. 인류에 의해 고안된 가장 끔찍한 형태의 처형 방식에 복종하셨다. 십자가 처형을 당하신 것이다. 몹시 고통스러운 것을 이야기할 때, 우리는 자신도 모르게 십자가를 언급한다. "몹시 고통스럽다"라는 뜻의 영어 "excruciating"에는 십자가를 뜻하는 라틴어 *crux*가 들어 있다. 그것은 견디기 힘들 정도로 고통스러움을 뜻한다.

예수님이 일곱 단계로 낮아지신 것은 무한한 낮아지심을 나타낸다. 앞에서 보았듯이, 유한한 것과 무한한 것은 그 거리가 무한하다. 측량할 수 없는 거리다. 예수님의 신분과 영광과 위엄은 무한하다. 그분은 이 모든 것을 버려두고 유한한 세상에 들어오셨다. 그것은 무한한 낮아지심이다.

지금까지 이 장에서는 우리에게 큰 구원이 필요함을 언급했다. 그것은 우리 존재의 모든 세포에 스며든 교만을 대속해 줄 구원이다. 나는 자전거 수리를 도와준 건장한 젊은이와 동등하거나 그보다 나아지려는 마음을 품었다. 그리고 느릿하며 과체중인 두 사람을 멸시했다. 성육신은 정반대였다. 하나님의 아들은 무한히 낮아져 인간이 되셨다. 예수님은 하나님 아버지와 우리를 자신보다 중요하게 여기는 마음에서 거의 아무것도 아닌 존재로 낮아지셨다.

어떻게 적용할 것인가

이 책은 광각렌즈 복음을 자신에게 전하도록 당부한다. 성육신은 그 복음에서 두 번째 핵심 사건이다. 그것은 교만을 정복한 겸손을 표현하며, 하나님의 겸비하심의 절정을 보여준다.

우리는 교만을 그리 대수롭지 않게 여긴다. 간음, 살인, 마약 중독을 훨씬 심각하게 생각한다. 그러나 하나님께 교만은 큰 죄다. 교만은 간음과 살인, 마약 중독의 원인이다. 성육신은 이것이 사실임을 확인시켜준다. 성경은 이 불변의 원칙을 거듭 반복한다. 자신을 높이는 자는 낮아질 것이나, 자신을 낮추는 자는 높아질 것이다. 하나님을 향한 모든 순종이 겸손의 표현이듯 모든 불순종은 교만의 표현이다. 우리는 줄곧 자신을 높여왔다. 하나님은 무한히 공의로우시며, 그분의 공의는 우리가 영원한 지옥으로 떨어질 것을 요구한다.

그러나 좋은 소식이 있다! 복음을 믿을 때, 사람들의 믿음이 그들을 그리스도의 삶과 죽음, 부활과 연합시킨다. 이는 그들의 믿음이 성육신하신 그리스도와 자신을 연합시킴을 뜻한다. 앞에서 보았듯이, 예수님의 성육신은 무한히 아래 단계로 낮아지신 것이다. 우리의 죄악 된 교만이 무한히 거룩하신 하나님을 대적하므로 그러한 성육신이 반드시 필요했다. 예수님이 무한히 낮아지심은 무한히 심각한 나의 교만을 대속하기 위해 반드시 필요했다.

우리가 복음을 믿을 때, 하나님 아버지와의 동등성을 기꺼이 포기하신 그 마음이 우리 것이 된다. 자신을 비우심, 아버지의 종 되심, 그리고 십자가에서 죽기까지 복종하심이 우리 것이 된다. 요컨대, 그분의 겸손이 우리 것이 되는 것이다.

이제 "자신을 낮추는 자는 높아지리라"는 원칙은 우리의 유익이 된다. 예수님이 그토록 낮아지셨기 때문에, 하나님이 그분을 가장 높은 자리로 높이셨다(빌 2:9-11). 우리 믿음이 우리를 그리스도와 연합시키기 때문에 그분의 낮아지심은 우리 것이 되며, 그분의 높아지심도 우리 것이 된다. 다시 말해 그리스도의 성육신은 우리의 교만을 대속하기 위해 자발적으로 당하신 고난의 일부였다. 교만하고 반역적인 죄인들에게 합당한 낮아짐의 상태에 그분이 대신 처하심에 따라, 우리는 그분에게 합당한 높아짐에 이를 수 있게 되었다. 이것은 큰 기쁨의 원천이다.

좌절하는 자에게 이것은 소망과 기쁨이 된다.

교만한 자아 때문에 고통스러워하는 자에게 이것은 죄책감과 정죄에서 벗어나게 해준다.

이기적인 사람에게 성육신은 위로와 격려를 제시한다. 비록 우리가 교만할지라도 하나님은 우리에게서 그리스도의 겸손을 보신다. 하나님이 우리를 높이시는 것도 바로 그 때문이다. 그분은 우리를 영원한 천국으로 받아들이신다. 마지못해 그렇게 하시는 것이 아니다. 아버지께서 큰 기쁨으로 우리를 맞아주실 것이다. 그리스도의 성육신이 우리의 추악한 교만을 물리쳤기 때문이다.

이 사실을 믿고 죄에서 돌이키는 자들은 자아에 귀 기울이지 않는다. 파티에서 지나치게 많은 말을 했을 때, 그들은 자신이 쏟은 비난의 말들을 계속 마음에 품지 않는다. 쓸데없이 자랑을 늘어놓았을 때, 그들은 다음날 아침에 밀려오는 자책적인 음성에 귀 기울이지 않는다. 30분 동안 자신에 대해 말하고 나서 후회 막심할 때, 그들은 자신을 달달 볶지 않는다. 대신 그들은 회개한다. 그런 뒤 성육신 메시지를 자신에게 거듭 전한다. 구체적인 예를 들면 다음과 같다.

"하나님 아버지, 저는 교만하며 이기적인 죄인입니다. 저는 영원히 지옥에 던져져야 마땅합니다. 그러나 저를 향한 주의 사랑 때문에, 그리스도께서 무한히 아래로 낮아지셨습니다. 주님 보시기에 무한히 심각한 제 교만을 대속하기 위해 그렇게 하셨습니다. 주께서 그리스도의 겸손을 제게 전가시키셨습니다. 언젠가 저는 이 겸손을 바탕으로 높임 받을 것입니다. 하나님 아버지, 감사하고 감사하며 또 감사합니다. 그리스도의 성육신을 인하여, 믿음으로 제가 그 성육신에 참여함을 인하여 영원무궁토록 주를 찬양할 것입니다."

> **요약**
>
> 1. 성육신 교리란, 하나님의 아들이 인간의 몸을 입으시고 신성과 인성을 공유하신 한 인격으로 이 땅에 오셨다는 것이다.
> 2. 그리스도의 성육신은 교만한 자들을 구원하여 주님께로 이끈다.
> 3. 그리스도께서 낮아지신 일곱 단계(빌 2:5-8).
>   _ 1단계 하나님과 동등 됨을 취하지 않으셨다.
>   _ 2단계 자기를 비우셨다.
>   _ 3단계 종의 형체를 가지셨다.
>   _ 4단계 사람들과 같이 되셨다.
>   _ 5단계 복종하셨다.
>   _ 6단계 죽으셨다.
>   _ 7단계 십자가에서 죽으셨다.

참고 도서

- Grudem, Wayne. *Systematic Theology: An Introduction to Biblical Doctrine*. Grand Rapids: Zondervan, 1994. 특히 26장 "그리스도의 위격"을 보라. 『웨인 그루뎀의 조직 신학』, 은성.
- Packer, J. I. *Knowing God*. London: Hodder & Stoughton, 1973. 특히 5장 "성육신하신 하나님"을 보라. 『하나님을 아는 지식』, IVP.
- Watson, Thomas. *A Body of Divinity*. 1962. Edinburgh, UK: Banner of Truth, 1958. 특히 4부 6장 "성육신 속에 나타나 있는 그리스도의 낮아지심(비하)"을 보라. 『신학의 체계』, 크리스챤다이제스트.

3장

그리스도의 순종이
유일한 소망이다

하나님 나라에 들어가는 기준은 완벽함이다! 그러나 서글프게도 많은 그리스도인이 이 점을 인식하지 못한다. 그저 최선을 다해 노력하기만 하면 충분하다고 생각한다. 그들은 하나님이 상대 평가를 하신다고 생각한다. 그러나 예수님은 "그러므로 하늘에 계신 너희 아버지의 온전하심과 같이 너희도 온전하라"(마 5:48)고 말씀하셨다.[1]

이것이 사실이라면, 우리는 모두 곤경에 처해 있다. 가장 종교적인 사람들은 특히 그러하다. 그들은 하나님께 인정받기 위해 자신의 덕성을 의지할 가능성이 많기 때문이다.

20세기 기독교 영웅 가운데 한 사람인 J. 그레샴 메이첸은 하나님의 기준을 이해했다. 많은 사람이 그를 선한 사람으로, 대부분의 사람들보다 훨씬 나은 사람으로 여기지만, 그는 자신의 덕성에 의존하여 하나님께 인정받으려는 태도를 배격했다.

그는 1918년부터 1926년까지 프린스턴에서 신약학 교수로 재직했다. 특히 1차 세계대전 후에는 프린스턴에 침투한 현대주의에 결연히 대항했다. 그런 그의 견해는 호된 대가를 치렀다. 사임을 강요받은 것이다. 그는 필라델피아에 웨스트민스터 신학교를 설립했고, 설립 자금의 많은 부분을 사재(私財)로 충당했다. 후에 미국 장로교회에 배격 당했을 때, 그는 정통장로교회를 설립했다. 메이첸은 원칙과 굳센 경건, 탁월한 신학 지식을 지닌 사람이었다. 많은 사람이 그를 20세기의 특출한 기독교 지도자 가운데 하나로 꼽는다.

1936-1937년 겨울에 노스다코타로 강연 여행을 다니던 중, 메이첸은 폐렴에 걸렸다. 멀리 중서부의 한 병원에서 죽음을 앞둔 시점에 친구인 존 머리에게 이런 전보를 보냈다. "나는 그리스도의 자발적인 순종에 몹시 감사한다네. 그것이 유일한 소망일세." 다음날 그는 하나님께 받아들여질 것을 확신하며 죽음을 맞았다.

그리스도의 자발적인 순종

그리스도의 자발적인 순종이란 무엇인가? 메이첸이 머리에게 "그것이 유일한 소망"이라고 말한 이유는 무엇인가? 왜 그것이 없으면 절망적인가?

이 물음에 대한 답이 이 장의 주제다. 우리는 기독교 전반을, 그리고 그것을 자신에게 전하는 법을 살펴보고 있다. 지금까지 우리는 하나님의 택하시는 사랑과 성육신을 살펴보았다. "그리스도의 자발적인 순종"은 우리가 날마다 자신에게 전해야 하는 복음의 셋째 국면이다. 이것은 완벽에 대한 요구를 해결해 준다.

사람들이 복음을 믿을 때, 그들의 믿음은 그들을 그리스도께 연합시킨다. 하나님 눈에 그들은 그리스도와 같은 모습으로 보인다. 앞 장에서 우리는 그리스도의 낮아지심과 높아지심 모두에 참여하게 됨을 배웠다.

이 장은 한 걸음 더 나아간다. 바울은 이렇게 말한다.

> 하나님이 죄를 알지도 못하신 이를 우리를 대신하여 죄로 삼으신 것은 우리로 하여금 그 안에서 하나님의 의가 되게 하려 하심이라 (고후 5:21).[2]

하나님의 의가 무엇인가? 바로 하나님의 도덕적 완전성이다. 예수님이 말씀하셨듯이 그것은 우리가 하나님 나라에 들어가기 위해 갖추어야 하는 것이다(마 5:48). 브리지스와 베빙턴은 "사람에게 적용될 때 하나님의 의란 하나님이 사람에게 요구하시는 의, 죄인 자신이 지닐 수 없는 의를 가리킨다"고 말한다.[3] 그리스도께서 우리의 "의"가 되신다(고전 1:30). 다시 말해 의는 그리스도가 우리에게 요구하시는 도덕적 "완전"이다.

그리스도의 자발적인 순종은 그리스도인에게 전가되는 그분의 무죄하고 완전한 삶이며 그분의 의다. 그분은 자신의 행위로 하나님께 인정받은 유일한 사람이시다. 그분은 유일하게 의로운 사람이시다.

완전에 이르는 유일한 길

나는 그리스도의 의가 절실히 필요하다. 나는 불완전하며 허물진 인생이지만, 복음을 믿는다. 지난 24시간 동안 나는 아내에게 여러 차례 화를 냈다(이것은 교만의 징후다). 내 건강에 대해 불평했다(이것은 탐심의 징후다). 미국의 정치 상황을 불평했다(이것은 교만의 또 다른 징후다). 나는 종종 다른 이들에게 역정을 내려 했다(이기심). 더욱이 하나님을 배제한 채 다른 것에 몰두할 때도 있었다(우상숭배). 아마 당신도 그럴 것이다.

어떤 이들은 이렇게 말한다. "그게 대수인가? 완전한 사람은 없다. 하나님은 우리의 연약함을 알고 계신다. 우리의 불완전함을 아시면서도 우리를 사랑하신다. 그러니 기운 차리라!"

그러나 성경은 죄를 심각한 것으로 간주한다. 비그리스도인은 하나님의 진노에 직면한다(롬 1:18). 왜 그럴까? 그 기준이 완전이기 때문이다. 우리는 불완전하며, 완전함, 곧 "하나님의 의" 말고는 그 무엇도 하나님의 진노를 피하지 못한다(롬 3:21-26).

이것이 사실이라면, 더 열심히 노력하거나 더 신실해지는 것으로 하나님께 인정받으려는 시도는 시간 낭비다. 우리가 완전에 이를 수 있는 유일한 방법은 그리스도의 의의 전가다. 이것을 가리켜 메이첸은 그리스도의 자발적 순종이라 일컫는다. 신학자들은 이것을 "외부로부터의 의"라고 지칭한다. "외부로부터"라는 말은 우리가 만들어내는 것이 아님을 뜻한다. 그것은 우리 외부에서 온다. 그리스도께서 그것을 확보하셨고, 복음을 믿는 자들에게 거저, 은혜롭게, 흔쾌히 베푸신다.

자신의 문제를 인식하는 자에게 그리스도의 자발적인 순종은 가장 귀한 소식이다. 이 놀라운 선물의 특성을 이해하기 위해 우리는 하나님의 의의 표현인 율법을, 그리고 그리스도께서 그 율법을 어떻게 성취하셨는지를 살펴봐야 한다.

변하지 않는 율법

하나님의 율법은 변하지 않는다. 결코 무시되거나 폐지되지 않는다. 하나님의 율법은 그분의 변함없는 의의 표현이다. 따라서 없어지지 않는다. 심판 날에 우리는 그 율법에 순종했는지 여부에 따라 평가될 것이다.

많은 그리스도인은 그렇게 이해하지 않는다. 신약성경에서 하나님의 율법이 배제된다고 생각한다. 하나님이 더 이상 율법에 관심이 없으시며 율법이 더 이상 하나님의 평가 기준이 아니라는 것이다. 그러나 그런 생각은 진리와 거리가 멀다.

프로테스탄트 종교개혁을 일으킨 마르틴 루터는 하나님의 율법의 중요성을 이해하고 있었다. 회심하기 전, 루터는 아우구스티누스 수도회 은둔 수도사들의 일원이었다. 그들은 구원을 얻기 위해 고행과 금욕을 행하는 자들로 알려져 있었다. 루터는 하나님의 율법이 불변하며 하나님이 의를 요구하심을 알고 있었다. 의를 완전함으로 이해하지는 않았던 것 같으나, 하나님의 요구가 결코 사라지지 않음을 그는 알고 있었다. 그래서 그는 두려웠다. 끊임없이 죄책감과 불안에 시달렸다. 자신이 하나님의 요구에 부합하지 못함을 알고 있었기 때문이다.

그의 고해 신부는 슈타우피츠였는데, 루터는 슈타우피츠를 몹시 성가시게 했다. 아주 작은 죄마저도 일일이 고백했고, 때로는 고해 시간이 여러 시간 동안 지속되기도 했다. 고해소를 떠났다가도 잊어버린 죄가 기억나면 곧바로 되돌아가서 고백했다.

루터의 죄책감을 덜어주기 위해, 슈타우피츠는 루터에게 신학 박사 과정을 밟게 했다. 그 과정을 마친 루터는 다른 수도사들에게 강의하기 시작했다. 시편에서 시작한 강의는 로마서로 이어졌다. 그가 로마서 1장 16-17절과 마주친 것은 바로 그 무렵이다.

내가 복음을 부끄러워하지 아니하노니 이 복음은 모든 믿는 자에게 구원을 주시는 하나님의 능력이 됨이라 먼저는 유대인에게요 그리고 헬라인에게로다 복음에는 하나님의 의가 나타나서 믿음으로 믿음에 이르게 하나니 기록된 바 오직 의인은 믿음으로 말미암아 살리라 함과 같으니라.

루터는 "하나님의 의"라는 표현에 고심했다. 바울은 무슨 뜻으로 이 표현을 썼을까? 하나님의 의는 하나님의 속성인가, 아니면 하나님이 그리스도인에게 요구하시는 것인가? 루터는 이 물음에 대한 답을 찾기로 결심했다. 그는 로마서 1장 16-17절에 매달렸고, 주야로 하나님과 더불어 씨름했다. 그러던 중에 마침내 깨달았다. 하나님은 복음을 통해 모든 믿는 자들에게 의를 베푸신다. 루터가 그토록 갈망하던 의였다. 의는 그리스도를 신뢰하는 모든 사람에게 거저 주어지는 하나님의 선물이었다. "그때 나는 거듭나서 낙원으로 들어가는 느낌이었다."[4]

루터는 다음 사실을 발견했다. 하나님이 구약 율법을 제거하지 않고 그것을 만족시키신 것이다. 그분은 완전이라는 기준을 완화하지 않으셨다. 오히려 그분의 아들이 그 기준을 성취하셨다. 율법은 사라지지 않았다. 심판 날에 하나님은 여전히 모든 사람을 율법으로 평가하실 것이다. 그러나 좋은 소식이 있다. 예수님이 하나님의 율법을 완벽하게 지키신 것이다. 우리가 복음을 믿을 때, 하나님은 우리를 그리스도와 연합시키신다. 그리고 그렇게 해서 그리스도의 순종이 우리에게 전가된다. 이제 우리 자신의 공적이 아니라 그리스도의 공적에 근거하여, 하나님은 우리가 율법을 만족시킨 걸로 간주하신다. 즉, 하나님이 우리에게 그리스도의 의를 선물로 주신다. 그 선물은 우리의 공적에 좌우되지 않는다. 루터가 "낙원으로 들어가는 느낌"이라고 말한 것도 놀라운 일이 아니다.

그리스도의 자발적인 순종은 하나님의 변하지 않는 율법을 만족시킨다. 이것은 구체적으로 어떤 의미일까?

하나님의 율법에 순종하신 예수 그리스도

예수님의 순종은 삼위일체의 사역이었다. 사랑이신 아버지께서 아들을 보내어 우리 대신 율법을 지키게 하셨다. 앞 장에서 보았듯이 예수님도 사랑이시므로 아버지 뜻에 동의하셨으며, 그분에게 그것은 "무한한" 낮아짐을 의미했다. 또한 성령도 사랑이시므로 하나님의 율법에 순종할 수 있도록 예수님을 도우셨다. 삼위일체의 삼위께서 이 모든 일을 완수하기 위해 협력하셨다. 하나님의 요구들을, 그리고 예수님이 그 요구들을 어떻게 만족시키셨는지를 생각해 보자.

성경은 모든 것을 하나님의 영광을 위해 하는 것이 우리의 의무라고 말한다(고전 10:31). 그러나 타락한 세상에서 우리는 저급한 동기에 의해 움직이는 경우가 많다. 사실 우리가 행하는 많은 일은 하나님의 영광이 아니라 자신의 영광을 위한 것이다. 우리는 자신의 성취를 자랑한다. 자신에 대한 말을 많이 한다. 가족사진을 볼 때, 우리 눈은 가장 먼저 자신의 모습으로 향한다.

예수님은 일평생 하나님의 영광을 위해 사셨다. 다른 동기는 없었다. 예를 들어 십자가 고난을 하루 앞둔 시점에서 그분은 다른 동기들을 빙자하여 그 고난을 회피하고 싶은 강렬한 유혹에 직면하셨다. 그러나 결국 이렇게 기도하셨다.

> 지금 내 마음이 괴로우니 무슨 말을 하리요 아버지여 나를 구원하여 이때를 면하게 하여 주옵소서 그러나 내가 이를 위하여 이때에 왔나이다 아버지여 아버지의 이름을 영광스럽게 하옵소서(요 12:27-28).

우리가 복음을 믿을 때, 하나님은 하나님의 영광을 추구하는 그리스도의 열정을 우리에게 전가시키신다. 그분의 자발적인 순종이 우리 것이 된다.

십계명에 대해서는 어떠한가? 예수님은 첫 계명을 지키셨다. 자신 앞에 결코 다른 신을 두지 않으셨다. 예수님께 아버지와 그분의 뜻보다 중요한 것은 없었다. 그분은 하나님의 이름을 결코 헛되이 사용하지 않으셨다. 바리새인들은 예수님이 안식일을 어긴다며 비난했지만, 사실상 그분은 안식일을 온전히 성취한 유일한 사람이셨다. 또한 예수님은 부모를 공경하라는 다섯째

계명을 지키셨다(눅 2:51). 그분은 간음하지 말라는 계명을 결코 범하지 않으셨다. 음욕을 품고 여자를 보신 적이 단 한 번도 없었다. 시편 40편 8절은 그리스도의 마음자세를 이렇게 요약한다. "나의 하나님이여 내가 주의 뜻 행하기를 즐기오니 주의 법이 나의 심중에 있나이다."

또한 예수님은 "네 이웃을 네 자신과 같이 사랑하라"(마 12:31)는 둘째 큰 계명도 온전히 성취하셨다. 하나님의 사랑은 단순한 애착심 그 이상이다. 개인적인 희생을 감수하고서라도 상대방의 행복을 기꺼이 추구하는 것이다. 예수님의 죽음이 그 본보기다. 그리스도께서 지불하신 대가는 "무한했다." 그 대가는 십자가의 고통스러운 죽음이었다. 여기에 놀라운 진리가 있다. 예수님이 그렇게 하신 것은 그분의 친구들을 위해서가 아니었다. 원수들을 위해서였다.

예수님은 하나님의 가족을 혈육의 가족보다 우선시하셨다. 어느 날 큰 무리를 가르치고 계실 때, 그분의 가족이 찾아왔다. 그 때 예수님은 "누구든지 하나님의 뜻대로 행하는 자가 내 형제요 자매요 어머니이니라"(막 3:35)고 말씀하셨다.

얼마든지 더 언급할 수 있다. 예수님은 우리를 용서하시되 넉넉히 용서하셨다. 그분은 원수들을 사랑하여 그들을 위해 죽으셨다. 예수님은 우리의 위안이시다. 그분은 결코 탐심을 품지 않으셨다. 예수님은 우리의 믿음이시다. 그분은 하나님을 온전히 신뢰하셨다. 이 모든 사실에 근거하여 바울은 고린도 교인들에게 이렇게 썼다.

너희는 하나님으로부터 나서 그리스도 예수 안에 있고 예수는 하나님으로부터 나와서 우리에게 지혜와 의로움과 거룩함과 구원함이 되셨으니 기록된 바 자랑하는 자는 주 안에서 자랑하라 함과 같게 하려 함이라(고전 1:30-31).

"내가 율법이나 선지자를 폐하러 온 줄로 생각하지 말라 폐하러 온 것이 아니요 완전하게 하려 함이라"(마 5:17)는 예수님의 말씀도 이런 뜻에서 하신 것이다. 예수님은 율법 폐지라는 방법으로 우리를 구원하신 것이 아니다. 율법을 성취하셔서 구원하셨다. 그 성취 사역을 묘사하는 말이 바로 자발적인 순종이다.

그리스도의 자발적인 순종이 우리를 자유하게 한다

이것은 놀라운 해방을 의미한다. 이에 대해 바울은 "그리스도께서 우리를 자유롭게 하려고 자유를 주셨으니"(갈 5:1)라고 말했다. 옛 언약 아래서 하나님이 유대인들에게 율법을 주신 것은 스스로 의에 이르는 것이 불가능한 일임을 확신시키기 위해서다

(롬 3:20, 5:20, 7:13). 따라서 구약의 성도도 장차 오실 메시아를 의지하는 것으로 구원을 얻었다. 그리스도의 자발적인 순종으로 우리가 그리스도와 연합되었다는 것은, 하나님의 율법의 요구가 그리스도에 의해 만족되었음을 뜻한다.

이것은 우리가 자유로이 불법적으로 살아도 된다는 뜻이 아니다. 도리어 우리가 최선의 노력을 기울일 수 있게 되었다는 뜻이다. 우리가 실패할 수 있음을, 그리스도의 자발적인 순종 덕분에 우리가 언제나 영원토록 하나님 아버지께 받아들여짐을 뜻한다. 예수님이 율법을 완벽하게 지키셨기 때문에, 우리는 구원받기 위해 그렇게 할 필요가 없다.

그리스도께서 구약 음식 규례들을 지키셨기 때문에, 우리는 무엇이든 자유롭게 먹는다. 그리스도께서 구약의 모든 율례를 완성하며 지키셨기 때문에 하나님은 우리도 그것들을 완성한 것으로 간주하신다.

그렇다면 우리의 책무는 무엇일까? 우리는 이기적인 욕망과 기분대로 자유롭게 살아도 될까? 그렇지 않다! 바울은 갈라디아서 5장 6절에서 "사랑으로써 역사하는 믿음"이라는 말로 하나님의 요구사항을 요약한다. 다시 말해 우리는 복음을 믿고 하나님과 사람을 향한 희생적인 사랑으로 그 믿음을 표현해야 한다.

어떻게 적용할 것인가

자신의 선행이나 신실한 노력을 자랑할 근거는 전혀 없다. "자랑하는 자는 주 안에서 자랑하라"(고전 1:31). 이것은 우리가 주변 사람들보다 그다지 더 나은 존재가 아님을 뜻한다. 누군가를 멸시하고 싶을 때, 우리는 이 장의 진리를 자신에게 전해야 한다.

"하나님 아버지, 완벽이 기준입니다. 저는 그 기준에서 백만 킬로미터 이상 떨어져 있습니다. 저는 제게 전가된 그리스도의 의를 믿음으로 살아갑니다. 제게는 구원 얻기에 합당한, 자랑할 만한 장점이 없습니다. 저는 복음 앞에서 겸손해지지 않을 수 없습니다. 저는 제가 멸시하려던 그 사람과 같이 은혜를 갈구하는 죄인입니다."

내게는 우리 주 예수 그리스도의 십자가 외에 결코 자랑할 것이 없으니 그리스도로 말미암아 세상이 나를 대하여 십자가에 못 박히고 내가 또한 세상을 대하여 그러하니라(갈 6:14).

또한 그리스도의 자발적인 순종은 우리에게 영광스러운 자유를 제공한다. 얼마 전, 아내와 나는 사소한 일로 크게 다퉜다. 나는 아내를 비난했다가 나 자신을 비난하기를 되풀이했다. 이런 허물진 모습에도, 나는 그리스도의 자발적인 순종을 기뻐할 수 있다. 누가 잘못했든, 하나님과 나의 관계는 훼손되지 않았다. 그리스도의 자발적인 순종이 나를 덮어주었다.

다른 이들을 제대로 사랑하지 못할 때에도 여전히 우리는 그리스도의 자발적인 순종으로 옷 입고 있다. 우리는 완전할 수 없으므로 스스로 완전해지려는 노력을 중단하자. 대부분의 그리스도인들은 하나님의 기준은 고사하고 자신의 기준마저 만족시키지 못해서 전전긍긍한다. 하나님의 기준과 규정을 이해하는 자들은 자신의 허망한 노력을 포기한다. 그들은 깊은 영적 안식에 들어간다. 하나님의 안식은 활동 중지가 아니다. 정반대다. 하나님의 안식은 더욱 활동적이게 만든다.

사랑하는 사람에게 악한 말을 무분별하게 퍼붓고서 자책감을 느낄 때, 우리는 그리스도의 적극적인 순종에 의지하여 안식할 수 있다. 복음에 매달리는 자에게는 그리스도의 순종이 방패막이가 된다.

한 친구가 비그리스도인인 아버지에게 세 번째로 복음을 전했다. 아버지가 그의 말을 이해하지 못하는 것처럼 보이자, 그 친구는 아버지에게 화가 났다. 그래서 더 이상의 대화를 회피했다. 몇 달 후, 그의 아버지가 복음을 믿지 않은 채로 세상을 떠났다. 내 친구는 망연자실했다. 자신의 성마름과 사랑 없음 때문에 엄청난 죄책감을 느꼈다. 그의 아버지가 복음을 받아들이지 못한 것을 자신의 책임으로 느꼈다.

　상담하러 온 그에게 나는 이렇게 말했다. "인간적인 차원에서는 아버지의 불신이 자네 탓일 수 있네. 자네 실수일 수도 있고. 하지만 괜찮다네."

　"어째서 괜찮다는 거지?"

　"우리는 누구나 불완전하다네. 사실 우리는 완전함 근처에도 가지 못하지. 하나님이 그리스도의 자발적인 순종으로 우리에게 옷 입혀 주셨다는 것이 복음이라네. 예수님은 복음 전도에 실수하는 법이 결코 없으시지. 자네가 복음을 믿기 때문에, 하나님 눈에는 예수님의 순종과 인내와 완전한 지혜가 자네에게 전가된 것으로 보이는 걸세."

　내 친구는 기쁜 마음으로 자리에서 일어섰다. 당신은 어떠한가? 당신은 그리스도의 순종의 전가에 관한 메시지를 자신에게 전하는 기쁨을 누리고 있는가?

　임종을 앞둔 그레샴 메이첸이 존 머리에게 "나는 그리스도의 자발적인 순종에 매우 감사한다네. 그것이 유일한 소망일세"라는 전보를 보낸 것도 놀라운 일이 아니다. 하나님의 요구, 인간의 죄성, 다가올 심판, 그리스도의 의의 전가를 이해하는 자라면 누구나 같은 마음일 것이다.

　그리스도의 자발적인 순종을 자신에게 전하는 것의 예를 들자면 다음과 같다.

"하나님 아버지, 저는 큰 죄인입니다. 주의 율법의 요구를 전혀 만족시킬 수 없습니다. 그러나 주의 사랑은 크십니다. 주께서 아들을 보내셔서 제가 할 수 없는 일을 하게 하셨습니다. 주께서 아들을 보내어 주의 율법의 요구를 성취시키셨습니다. 복음을 믿는 믿음으로 제가 주의 아들과 연합되었습니다. 그 믿음이 그분의 자발적인 순종을 제게 전가시켰습니다. 이제 저는 율법의 요구에서 자유롭습니다. 주님 앞에 서기 위해 제가 스스로 완전해질 필요는 없습니다. 제 과거와 현재, 미래의 모든 실패가 그리스도의 자발적인 순종 아래 사라지기 때문입니다.

할렐루야!"

• 요약 •

1. 그리스도는 자발적인 순종으로 율법을 성취하셨으며, 죄 없고 완전한 삶을 사셨다.
2. 우리가 복음을 믿을 때 그리스도와 연합되어, 그리스도의 순종으로 인한 그분의 의가 우리에게 전가된다.
3. 그리스도의 순종을 통한 의의 전가는 우리가 완전에 이를 수 있는 유일한 길이다.
4. 그리스도의 순종으로 자유하게 되었다 할지라도, 우리는 복음을 믿고 하나님과 이웃을 향한 사랑으로 그 믿음을 표현해야 한다.

참고 도서

- Bridges, Jerry와 Bob Bevington. *The Great Exchange: My Sin for His Righteousness*. Wheaton, IL: Crossway, 2007.
- Grudem, Wayne. *Systematic Theology: An Introduction to Biblical Doctrine*. Grand Rapids: Zondervan, 1994. 특히 36장 "칭의(하나님 앞에서의 올바른 법적 신분)", 42장 "영화(부활한 육신을 받는 것)"를 보라. 『웨인 그루뎀의 조직 신학』, 은성.
- Piper, John. *Counted Righteous in Christ: Should We Abandon the Imputation of Christ's Righteousness?* Wheaton, IL: Crossway, 2002.
- Sproul, R. C. *Faith Alone: The Evangelical Doctrine of Justification*. Grand Rapids: Baker, 1995. 『오직 믿음으로』, 생명의말씀사.

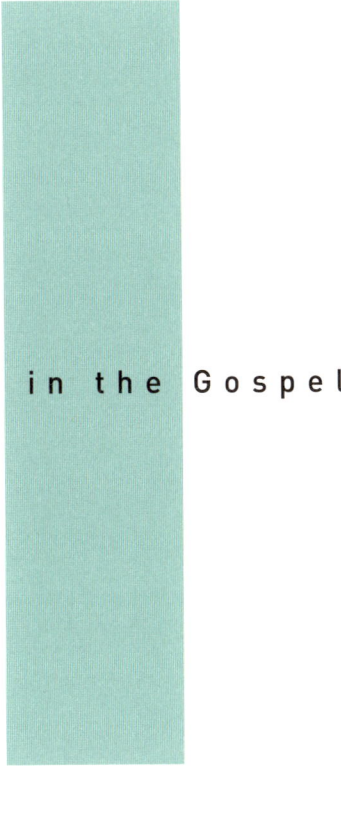

Hidden in the Gospel

4장

모든 문제의 핵심, 십자가

이 책은 우리 자신에게 귀 기울이기보다는 자신에게 복음을 전할 것을 당부한다. 지금까지 우리는 하나님의 선택(1장), 성육신(2장), 그리스도의 자발적인 순종(3장)을 공부했다. 이들은 모두 날마다 자신에게 전해야 할 중요한 주제다. 4장에서는 복음의 넷째 주제인 "속죄"를 다룰 것이다. 이것은 3장과 긴밀한 연관을 맺고 있다.

예수님의 십자가 죽음은 자발적인 순종의 절정이다.

제러드의 죄책감

많은 그리스도인처럼 제러드는 죄책감에 시달렸다.[1] "그리스도인이 되기 전에 저는 어느 유부녀와 성관계를 가졌어요"라고 제러드는 말했다. "그녀가 임신했을 때, 저는 낙태를 강요했어요. 그녀는 복음주의자로서 낙태가 그릇된다고 확신했습니다. 그래서 처음에는 거부했죠. 하지만 집요한 위협에 마침내 굴복했어요."

"그녀의 남편에게는 뭐라고 말했나요?"

"그는 전혀 몰라요. 1년 동안 군대 일로 다른 지방에 가 있었으니까요."

제러드는 잠시 멈추었다가 다시 말했다. "6개월 전에 저는 그리스도인이 되었어요. 회심한 후로 제 행동이 얼마나 악했는지 깨닫기 시작했습니다. 시일이 지날수록 죄책감이 더 심해져요. 하나님의 용서를 믿지만, 여전히 저는 죄책감에 시달립니다. 어쩔 도리가 없어요."

"하나님이 당신을 사랑하심을 믿나요?"

"그분이 저를 사랑하신다고 성경에서 배웠지만, 실감하기가 힘들어요. 주변 사람들은 하나님의 사랑을 느끼는 것 같은데 저는 그렇지 못하니, 과연 제가 진짜 그리스도인인지 의아합니다."

"하나님을 생각하면 무슨 생각이 떠오르나요? 하나님은 어떤 분인가요?" 하고 내가 물었다.

"여러 생각들로 혼란스러워요. 때로는 하나님이 친절하고 좋으신 분으로 생각되지만, 두렵게 느껴질 때도 있습니다. 저는 하나님이 좋으신 분이라고 믿고 싶어요. 성경은 그렇게 말하지만, 제가 늘 그렇게 확신하진 못하는 편이죠."

제러드는 많은 그리스도인이 공통으로 지니고 있는 두 가지 문제와 씨름하고 있었다. 첫째, 해결되지 않은 죄책감이 그를 억눌렀다. 둘째, 하나님의 사랑을 좀처럼 느끼지 못했다. 그는 자신에게 복음을 전하기보다는 자신의 음성에 귀 기울이는 데 익숙했다. 이 두 가지 문제는 그리스도의 십자가를 자신에게 전하는 법을 배워야만 해결된다. 이들을 하나씩 살펴보자.

죄책감은 보편적이다

첫째, 해결되지 않은 죄책감의 문제다. 한번은 두 아이의 엄마에게 "나는 임신선이 생길 정도로 죄책감이 심해요"라는 말을 들었다. 그의 말은 산모가 뱃속에 든 아기의 무게를 느끼듯이 무거운 죄책감에 시달린다는 뜻이다. 스트레스가 매우 심해서 심리적 임신선이 생길 정도였다. 그의 말은 내 친구 제러드를 포함한 많은 사람의 일상적인 경험을 묘사하고 있다. 신체적인 임신선은 종종 평생 남는다. 그리스도의 속죄 사역이 없었다면, 우리의 죄책감도 사라지지 않을 것이다. 복음은 좋은 소식이다. 그것은 제러드와 우리의 죄책감을 해결해 주며, 임신선을 전혀 남기지 않는다.

죄책감은 인간이 보편적으로 겪는 경험이다. 우리가 행한 일이 우리의 양심과 부딪힐 때 일어나는 것이다. 죄책감을 느낄 때, 우리는 책임감도 느낀다. 수치심을 느끼고, 징벌 받아 마땅하다고 느낀다. 실제로 징벌을 받거나 죄책감이 어느 정도 제거되기 전까지는 양심이 계속 우리를 추적한다.

한 로마가톨릭교도 친구가 죄책감에 시달렸다. 매일 밤 잠자리에 들기 전에 그는 셔츠를 벗고 작은 회초리로 자신의 등을 때렸다. 때로는 피가 났다. 그는 자기 속죄로 죄책감을 없애려고 애를 썼다. 개신교도들도 그렇게 할 수 있다. 우리는 마침내 속죄 받았다고 느끼기까지 사나흘 간 자신을 미워할 수 있다. 방식은 다르지만 목적은 같다. 자기 속죄를 통해 양심의 소리를 가라앉히려 한다.

죄책감은 사소한 성마름부터 전적 무기력에 빠져들게 하는 처절한 실패 의식에 이르기까지 다양할 수 있다. 때로 이 감정은 여러 날, 여러 달, 심지어 여러 해 동안 지속된다. 심한 경우에는 설사, 두드러기, 또는 불면증을 동반한다. 죄책감 때문에 기진맥진해질 수도 있다. 제러드 같은 사람은 여러 해 동안 죄책감에 시달렸다. 우리는 자신에게, 다른 사람들에게, 사회 공동체에, 하나님께 행한 일에 죄책감을 느낄 수 있다.

그런가 하면 괜한 죄책감도 있다. 예를 들어, 음주나 재활용 실패와 같은 일로 죄책감을 느낄 수도 있다.

흉악한 죄악을 앞세워 양심의 소리를 억눌러서 아예 죄책감에 둔감해지기도 한다. 오늘날 서구 문화는 간음이나 동성연애 같은 성범죄를 이용해 죄책감에 둔감해지게 만든다. 그러나 궁극적으로 우리의 감정은 그다지 중요하지 않다. 죄책감을 느끼든 느끼지 않든 하나님의 율법을 어길 때 우리는 죄를 범한 것이며, 심판 날에 하나님 앞에서 자신의 생각이나 행위를 책임져야 할 것이다.

하나님은 우리 죄 문제를 해결하기 위해 아들을 보내셨다. 그렇게 하셔서 우리 죄를 온전히 징벌하여 멀리 옮기셨다(시 103:12). 심판 날, 복음을 믿는 자들의 죄는 기억되지 않을 것이다.

죄가 징벌되다

우리 죄가 기억되지 않는 것은 우리가 복음을 믿을 때 두 가지 놀라운 일들이 일어나기 때문이다. 첫째, 하나님이 그리스도의 자발적인 순종을 우리에게 전가시키신다. 이 점은 앞 장에서 논의했다. 둘째, 하나님이 우리의 모든 죄를 그리스도께 전가시키신다. 그리스도께서 우리 죄에 합당한 징벌을 대신 당하셨다. 이 두 가지 진리를 결합하여 우리는 "이중 전가" 교리라고 부른다. 그리스도의 의는 우리에게 전가되고, 우리의 죄는 그리스도께 전가된다.

그리스도가 당하신 징벌은 죄의 심각성을 여실히 보여준다. 예수님은 내 죄를 지시고 십자가에 달려 여섯 시간 동안 극한의 고통을 거쳐 죽음에 이르셨다. 하나님이 그 진노를 우리 대신 자신의 아들에게 쏟으셨다. 그리스도는 하나님이기 때문에 제러드의 간음이나 살인과 같은 극악한 죄악마저 온전히 대속하실 수 있었다.

우리는 죄의 심각성을 축소하여 죄책감을 누그러뜨리려는 경향이 있다. 그러나 하나님은 그렇게 하지 않으신다. 오히려 우리의 죄책감을 해결하기 위해 우리 죄의 심각성을 철저히 지적하신다. 그분은 십자가에 달리신 예수님을 가리키며 우리에게 이렇게 말씀하신다. "너희 죄가 이처럼 심각하다. 그것은 십자가 처형을 당해야 마땅하다. 또한 이것은 내 사랑이 얼마나 엄청난지도 알려준다. 이제 나의 용서 안에서 안식하라. 내 사랑 안에서 안식하라." 제러드가 정부(lover)더러 낙태하도록 재촉한 것은 살인을 부추긴 셈이다. 구약에서 살인은 돌에 맞아 죽는 형벌을 당해야 하는 죄다. 여기에 하나님의 크신 사랑이 있다. 십자가 죽음을 통해, 예수님은 제러드에게 합당한 사형을 대신 담당하셨다. 제러드와 같은 처지에서 이 진리를 직시하여 온전히 받아들이는 자는 누구나 놀라운 자유를 발견할 것이다. 또한 하나님의 거룩하신 사랑의 깊은 의미를 이해할 것이다. 하나님이 우리의 죄책감을 해결하는 방식이 바로 이러하다. 그분의 놀라운 사랑을 부각시키기 위해 죄를 더욱 철저히 다루신다. 그리고 이 사실은 스스로 속죄하려는 우리의 노력을 포기하게 만든다.

이제 제러드는 자신을 미워하거나 정죄하거나 자기 징벌로 스스로 속죄하려 하지 않아도 된다. 우리는 자신의 죄에 대한 징벌을 받기 전까지는 죄책감을 느끼는 경향이 있으며, 하나님도 우리 죄를 가볍게 보지 않으신다. 그분은 제러드의 죄를 묵과하거나 축소하지 않으신다. 도리어 십자가에서 우리 죄는 완벽하고도 철저히 징벌 당했다. 하나님이 제러드 대신 자신의 아들에게 진노를 쏟으신 것이다.

앞에서 보았듯이 바울이 하나님의 사랑을 가리켜 "지식에 넘친다"(엡 3:18)고 묘사한 것도 바로 이 때문이다.

죄가 제거되다

하나님은 우리 죄를 자신에게서 멀리 옮기셨다. "속죄"는 이 과정을 묘사하는 용어다. "속죄"는 그분이 우리 죄를 덮고 자신의 시야에서 제거하셨음을 뜻한다. 이것은 제러드의 간음과 태아 살해 재촉이라는 중죄를 포함한다. 시편 103편 12절에 따르면 하나님은 "동이 서에서 먼 것같이 우리의 죄과를 우리에게서 멀리" 옮기셨다.

나는 워싱턴의 핸퍼드 원자력 보호구 근처에 거주한다. 2차 세계대전 이후, 원자탄을 만들기 위한 플루토늄이 대부분 이곳에서 생산되었다. 현재 핸퍼드의 지하 탱크에는 약 2억 8백만 리터의 핵폐기물이 묻혀 있다. 이 물질은 치명적이다. 이 물질에 직접 노출되는 사람은 며칠 안에 사망한다. 수천 년이 지나도 여전히 위험할 것이다. 따라서 이것은 사람들에게서 멀리 옮겨져 오래도록 격리되어야 한다.

마찬가지로 우리 죄도 하나님에게서 멀리 옮겨져야 한다. 하나님께는 죄가 방사능 물질과 같다. 그분은 매우 순수하므로 악을 차마 보지도 못하신다(합 1:13). 우리 죄가 피조 세계를 오염시켰기 때문에, 달과 별들조차 그분께는 순수하지 않다(욥 25:4-6). 언젠가 그것들은 그분의 임재에서 달아날 것이다(계 20:11). 복음을 믿지 않는 자들도 그럴 것이다(계 6:15-17). 그러므로 죄는 우리 눈에서, 그리고 하나님 눈에서 멀리 옮겨져야 한다.

원자시대 훨씬 이전에, 하나님은 레위기 16장을 통해 이 주제를 제시하셨다. 해마다 한 차례, 속죄일에 대제사장이 지성소에 들어가서 이스라엘의 죄를 속한다. 하나님의 명령에 따라 대제사장은 염소 두 마리를 드렸다. 첫째 염소는 도살하여 그 피를 지성소의 속죄소 위에 뿌렸다. 그것은 백성의 죄를 속하는 의식이었다.

둘째 염소는 광야로 보내졌다. 하나님의 백성 전체를 대표하여 대제사장이 염소 머리에 안수했다. 이 행위는 이스라엘의 죄를 염소에게 옮김을 상징했다. 그런 후에 염소는 멀리 광야로 보내졌다. 다시 말해 하나님의 백성의 죄가 염소에게 옮겨져 하나님과 그 백성의 눈에서 영원히 제거되는 것이다.

모든 그리스도인을 위해 예수님이 행하신 일이 바로 이것이다. 그분은 우리의 속죄 염소가 되셨다.

재판정에서 예수님에 대한 유대인들의 고소를 들은 빌라도는 유대인들에게 "내가 보니 이 사람에게 죄가 없도다"(눅 23:4)라고 말했다. 그 말은 정확하다. 예수님은 유일하게 죄가 없는 사람이셨다. 우리의 모든 죄악이 죄 없는 예수님께 옮겨졌다. 이어서 예수님은 십자가상에서 우리의 죄에 합당한 징벌을 대신 당하셨다. 그분이 죽으셨다. 그리고 그분이 죽으셨을 때 우리 죄도 그분과 함께 죽었다. 핸퍼드의 핵폐기물처럼, 우리 죄는 그리스도와 함께 어느 부자의 무덤에 묻혔고, 하나님과 우리의 시야에서 제거되었다.

나는 제러드에게 속죄와 속죄 염소에 대해 설명했다. 설명을 들으면서, 그는 심적 부담을 더는 것 같았다. 안색이 변하고, 그 눈에 희망이 생겼다. 죄책감이 생길 때마다, 하나님의 사랑으로 죄책감과 슬픔이 제거될 때까지 이 진리를 자신에게 전하라고 그에게 당부했다.

하나님의 사랑을 느끼라

앞에서 우리는 제러드에게 두 가지 문제가 있음을 보았다. 죄책감에서 벗어나지 못한 것과 하나님의 사랑을 느끼지 못하는 것이다. 또한 우리는 십자가가 제러드를 죄책감에서 벗어나게 했음을 살펴보았다. 십자가는 우리를 하나님의 사랑으로 이끈다. 십자가는 죄책감의 문제를 해결하는 것 이상의 효력을 낸다. 그것은 죄인들을 향한 하나님의 사랑을 선포한다. 제러드가 하나님의 사랑을 더 많이 느낄 수 있으려면 어떻게 해야 할까?

하나님의 사랑은 단순한 감정이 아니다. 그것은 큰 대가를 치르고라도 우리의 행복을 바라시는 하나님의 열정적인 소원이다. 예수님은 하나님의 사랑에 대해 말씀만 하신 것이 아니다. 친히 행동으로 보이셨다. 『사랑은 동사다』(Love Is a Verb)라는 게리 채프먼의 책 제목이 이것을 잘 말해 준다. 하나님의 사랑은 감정이 아니라 행동에 초점이 맞춰져 있다. "사랑"은 행위 언어다. 하나님은 그 사랑을 갈보리에서 표현하셨다. 그것은 "지식에 넘치는"(엡 3:18) 사랑이다. 바울이 왜 그렇게 표현했을까?

하나님의 사랑은 거룩한 사랑이다. 거룩의 반대는 평범이다. 거룩하지 않은 것이 가리키는 것은 죄악 된 것만이 아니다. 평범한 것도 거룩하지 않다. 우리가 사는 세상도 거룩하지 않다. 거룩해지려면 세상과 분리되어야 하고, 세상과 그 가치와 문화와 달라야 하며, 그것을 넘어서야 한다.

하나님의 사랑이 거룩한 것은, 그 사랑이 다른 것은, 그 사랑이 "지식에 넘치는" 것은 원수들을 사랑하신다는 점에서다. 우리가 하나님의 원수였을 때, 그리스도께서 우리를 위해 죽으셨다(롬 5:8, 10). 이 세상 사람들은 자신의 친구만, 자신에게 잘해 주는 사람들만 사랑한다. 비그리스도인과 마찬가지로 많은 그리스도인도 자신의 원수를 사랑하지 않는다. 그러나 예수님이 우리를 위해 죽은 것은 원수들을 위해 죽으신 것이다. 자신의 원수들을 위해 목숨을 버리셨다. 하나님의 진노에 직면한 자들을 위해 생명을 내어놓으셨다(롬 1:18). 하나님의 사랑이 원수들의 행복을 위해 자신을 희생하시게 했다. 이것은 우리가 우리 죄를 자각하는 정도만큼 하나님의 사랑을 이해할 수 있음을 뜻한다.

둘째, 하나님의 사랑이 거룩한 것은 그분이 다른 누구의 강요도 받지 않으시기 때문이다. 앞에서 말했듯이, 하나님이 우리에게 지신 유일한 빚은 공의의 빚이다. 사람들은 대부분 자신이 기본적으로 선하며 하나님이 그들에게 상을 주실 거라고 생각한다. 그래서 하나님께 상을 받지 못하면 기분이 상한다. 그러나 하나님이 그들에게 지신 것은 공의의 빚뿐이다. 그런데도 하나님 아버지는 우리를 구원하기 위해 자기 아들을 보내어 십자가 고통을 당하며 죽게 하셨다. 하나님이 우리를 사랑하셔야 할 의무가 있었던 것이 아니다. 그것은 강요된 것이 아니라 자발적인 사랑이었다.

여기에 하나님의 사랑이 있다. 예수 그리스도는 자신의 친구들을 위해서가 아니라 원수들을 위해 십자가 고통을 당하며 죽으셨다. 그렇게 하신 것은 자신의 원수들을 친구로 만들기 위해서였다. 그 누구도 그분에게 강요하지 않았다. 그분은 공의 말고는 우리에게 빚지신 것이 없었다. 그럼에도 그분은 놀라운 은혜를 우리에게 베풀기 위해 무한한 고통을 견디셨다. 하나님의 사랑은 우리의 행복을 바라시는 열정적인 소원이다. 우리의 행복을 위해 자신을 희생하시는 사랑이다.

나는 이 모든 사실을 제러드에게 설명했다. 그런 후에 "하나님의 사랑 안에서 자신을 지키며"라는 유다서 21절 말씀을 그에게 상기시켰다.

"그러려면 어떻게 하죠?" 제러드가 물었다.

"먼저, 이 진리들을 아침저녁으로 자신에게 전하세요. 당신의 기분과는 아무 상관이 없습니다. 갖가지 느낌이 오가겠지만, 하나님의 사랑은 변함없는 실재입니다. 자외선이 늘 우리를 둘러싸고 있듯이 우리가 볼 수 없다고 해서 그것이 존재하지 않는 건 아닙니다. 내 느낌과 상관없이 자외선은 존재하죠. 마찬가지로 우리가 어떻게 느끼든, 하나님의 사랑은 항상 불변합니다."

나는 제러드에게 이 진리들을 마음에 채울 것을 권했고, 그렇게 할수록 하나님의 사랑을 더 많이 느낄 것이라고 말했다. 하나님의 사랑을 묵상하는 일은 성숙을 지향하는 모든 그리스도인이 날마다 해야 하는 훈련이다.

하나님의 사랑을 자신에게 전하는 모습이 어떤 것인지 보여주는 예를 하나 들면 이러하다. "하나님은 나를 사랑하신다. 그 사실을 어떻게 알 수 있을까? 그분이 나를 위해 행하신 일을 보라. 내 기분이 어떤지는 중요하지 않다. 하나님이 자신의 사랑을 행동으로 선언하셨다." 그 무엇도, 심지어 자신의 죄와 실패마저도 참된 그리스도인을 하나님의 사랑에서 끊을 수 없다(롬 8:39).

어떻게 적용할 것인가

하나님과 다른 사람들을 향한 우리의 사랑은 언제나 우리를 향한 하나님의 사랑에 대한 반응이다. "우리가 사랑함은 그가 먼저 우리를 사랑하셨음이라"(요일 4:19). 나를 향한 하나님의 개인적인 사랑을 내면화하며 깊이 이해할수록 나는 하나님과 다른 사람을 더 사랑하길 원할 것이다. 하나님의 사랑에 대한 이해는 내 사랑의 대상과 방법에 영향을 끼친다.

예수님은 우리에게 친구뿐 아니라 원수도 사랑하라고 명하셨다(마 5:44). 그 이유는 무엇일까? 우리가 하나님의 원수였을 때 하나님이 우리를 사랑하셨기 때문이다. "내가 거룩하니 너희도 거룩할지어다"(벧전 1:16)라는 말씀도 이런 맥락에서 이해된다. 우리의 사랑은 하나님의 사랑을 닮은 것이어야 한다.

나를 향한 하나님의 사랑은 내게 상처 주는 자들을 기꺼이 용서하게 하는 근거이기도 하다. 예수님은 일곱 번씩 일흔 번이라도 용서하라고 말씀하셨다(마 18:21-22). 그 이유는 무엇인가? 아버지께서 우리의 무한한 빚을 용서해 주셨기 때문이다. 우리를 용서하기 위해 아버지와 아들이 무한한 대가를 치르셨다. 이것이 사실이라면, 하나님께 용서 받은 내가 어떻게 다른 사람들을 용서하지 않을 수 있겠는가? 하나님 보시기에 내 죄는 무한히 심각하다. 그러나 어느 누구도 내게 무한한 죄를 범할 수는 없다. 그들이 내게 아무리 깊은 상처를 준다 해도, 그것이 무한한 정도일 수는 없다.

아울러 우리를 향한 하나님의 사랑은 하나님을 사랑하도록 고무한다. 이는 제러드가 경험한 바다. 자신의 엄청난 죄악과 예수님의 대속 죽음을 생각할 때, 그는 하나님의 개인적인 사랑에 압도되었다. 그는 점차 하나님을 열렬히 섬기며 사랑하는 사람이 되었다. 제러드는 하나님의 영광을 드러내는 삶을 살게 되었다.

제러드가 하나님의 사랑을 느끼지 못하는 상태나 죄책감에서 갑자기 벗어난 것은 아니다. 자신에게 귀 기울이지 않고 이 같은 진리들을 자신에게 전하면서 차츰 그의 삶이 달라지기 시작했다. 십자가에 관한 묵상이 서서히 죄책감을 몰아냈다. 그리스도의 십자가에 계시된 하나님의 사랑을 자신에게 더 많이 전할수록, 그 사랑을 더 많이 느꼈다. 자신을 향한 하나님의 사랑을 느끼면서 그는 그 사랑을 주변 사람들에게 나타내기 시작했다. 사랑하기 힘든 사람도 사랑하기 시작했다. 넉넉히 용서하는 사람이 되었다. 그리스도께서 그를 섬기셨듯이 그 또한 다른 사람들을 섬기기 시작했다.

제러드는 이런 식으로 자신에게 십자가를 전했다.

"하나님 아버지, 무가치한 죄인을 용서하려고 아들을 보내셨음을 감사드립니다. 예수님이 제 죄에 대한 징벌을 대신 당하셨으므로 저는 그분에게 합당한 영원한 상급을 받을 수 있게 되었습니다. 제 죄를 주의 시야에서 사라지게 하신 것에 감사드립니다. 말씀만이 아니라 행동으로 저를 사랑하시니 감사합니다. 예수 그리스도의 대속 죽음으로 인해 하나님과 사랑의 관계가 가능해졌으니 감사드립니다. 저를 용서하기 위해 구체적인 행동을 취하셨으니 감사합니다."

→ 요약 ←

1. 그리스도의 자발적인 순종은 십자가에서 절정에 이른다.
2. 그리스도의 십자가는 죄책감에서 해방시켜주고, 하나님의 사랑을 느끼게 해준다.
   _ 죄책감은 인간이 겪는 보편적인 경험으로 다양한 형태로 지속될 수 있으나 그리스도의 십자가를 통해 죄가 징벌되고 제거되었다.
   _ 하나님의 사랑은 원수를 사랑한다는 점과 강요에 의한 것이 아니라는 점에서 거룩하다.

참고 도서

- Farley, William P. *Outrageous Mercy: Rediscovering the Radical Nature of the Cross*. Philipsburg, NJ: P&R, 2009.
- Mahaney, C. J. *The Cross Centered Life: Keeping the Gospel the Main Thing*. Colorado Springs: Multnomah, 2002. 『죄와 세상을 이기는 능력 십자가』, 요단.
- Stott, John R. W. *The Cross of Christ*. Downers Grove, IL: InterVarsity Press, 1986. 『그리스도의 십자가』, IVP.

5장

그래도 우리에게는 부활이 있다

우리 자신에게 전해야 할 복음의 다음 주제는 "부활"이다. 그러나 그리스도의 부활을 제대로 이해하기 위해서는 먼저 죽음에 관해 깊이 생각해 봐야 한다.

죽음은 추하다. 불쾌하다. 몇 년 전, 나는 며칠 후면 죽음을 맞게 될 사람을 병문안하러 병원에 갔다. 그 노인은 신경계통 질환으로 죽어가고 있었다. 서글프게도 내가 도착하기 직전에 그는 회복되지 않을 혼수상태에 들어갔다.

나는 그 장면을 결코 잊을 수 없다. 쇠약하여 앙상해진 그는 살이 다 빠지고 피부도 누르스레하게 조각난 것처럼 보였다. 혼수상태였으나 눈과 입은 열려 있어서 마치 아직 의식이 있는 듯한 인상을 주었다. 입에서는 침이 흘렀다. 그의 눈은 간 기능이 서서히 마비되고 있음을 입증해 주었다. 숨을 거칠게 몰아쉬었는데, 숨 쉴 때마다 몹시 힘들어보였다. 몸은 뻣뻣하게 굳었다. 병실에는 죽음의 냄새가 났다.

우리 문화는 젊음과 생명의 문화다. 이 병실 같은 상황을 피하기 위해서라면 무슨 일이든 할 것이다. 우리는 서둘러 영안실에 시신을 넣어 보이지 않게 한다. 집에 거동하기 힘든 노인이 있으면 장기요양병원으로 보내려 한다. 많은 사람에게 병약한 노인은 기피 대상이다. 자신에게는 그런 상황이 닥치지 않을 거라고 생각하지만, 그 누구도 그것을 피하지 못한다. 때 이른 죽음과 연로하여 맞는 죽음이라는 두 가지 길이 있을 뿐이다. 어느 편도 유쾌하지 않다.

비그리스도인은 이런 상황에 어떻게 대처할까? 대부분 그는 죽음을 순순히 받아들인다. 다른 대안이 없다. 그에게는 부활이라는 개념이 없기 때문이다. 죽음도 삶의 일부일 뿐이다. 과학적 방법의 아버지인 프랜시스 베이컨도 그렇게 생각했다. "죽는 것은 태어나는 것만큼이나 자연스럽다."[1] "이 세상에는 죽음과 세금 말고는 확실한 것이 하나도 없다"는 말도 같은 태도를 담고 있다.

그러나 그리스도인들은 결코 그렇게 생각해서는 안 된다. 성경에 따르면, 죽음은 정상적인 것이 아니다. 하나님의 원래 계획에 없던 것이다. 죽음은 피조물 위에 드리운 어두운 그림자다. 원래 의도된 질서의 왜곡 상태다. 그것은 죄에 대한 하나님의 심판이다. 이것이 기독교적 세계관이다. 그리스도인은 죽음을 다르게 본다. 죽음은 죄에 대한 공포를 상기시키므로 그리스도인들은 죽음을 혐오한다.

이 장은 더 좋은 소식을 전하고자 한다. 그리스도의 부활이 죽음을 정복했다는 사실이다. 이를 가리켜 베드로는 "만물의 회복"(행 3:21)이라고 표현했다. 이것은 불멸성의 회복을 포함한다. 성숙해가는 그리스도인은 죽음을 두려워하는 내면의 음성에 귀 기울이지 않는다. 자신에게 부활을 전한다.

바울은 그리스도의 부활이 "성경대로"임을 확신했다.

> 내가 받은 것을 먼저 너희에게 전하였노니 이는 성경대로 그리스도께서 우리 죄를 위하여 죽으시고 장사 지낸 바 되셨다가 성경대로 사흘 만에 다시 살아나사(고전 15:3-4).

여기서 말하는 "성경"은 구약성경을 가리킨다. 이 장에서는 창세기부터 요한계시록까지 부활 주제를 요약할 것이다. 이어서 부활 경험에 대해 논의할 것이다. 이 장의 요점은 간단하다. 그리스도의 부활이 죽음을 정복했다는 것이다. 이 장에서는 죽음과 부활을 창조, 타락, 구속이라는 세 가지 측면에서 살펴보려 한다.

창조

하나님은 자신의 형상과 모양대로 사람을 지으셨다(창 1:26-28).

하나님은 죽지 않으신다. 아담도 하나님의 형상과 모양을 공유했기 때문에 죽지 않을 수 있었다.

죽음의 가능성이 처음 암시된 것은 아담에게 주신 하나님의 경고에서다.

> 동산 각종 나무의 열매는 네가 임의로 먹되 선악을 알게 하는 나무의 열매는 먹지 말라 네가 먹는 날에는 반드시 죽으리라(창 2:16-17).

죽음에 대한 이 같은 경고는 당시에는 죽음이 없었음을 시사한다.

타락

우리는 타락 이야기를 잘 알고 있다. 아담과 하와가 죄를 범했다. 그것은 근친상간, 간음, 살인, 마약중독, 알코올중독 같은 죄가 아니었다. 어떤 면에서 그것은 금지된 열매를 훔쳐 먹은 작은 죄였다. 그러나 그 작은 죄가 아담과 하와와 우주에, 그리고 아담 이후 모든 사람에게 죽음을 가져다주었다. 이것은 하나님 눈에 죄가 얼마나 심각한 것인지를 보여준다.

처음에는 영적 죽음이 왔다. 죄가 아담과 하와를 영적, 육체적 생명의 원천이신 하나님에게서 분리시켰다. 영적 죽음은 육체적인 죽음을 초래했다. 방전된 배터리처럼, 그들의 몸이 서서히 기능을 멈추었다. 그들은 약 900년 후에 죽었다(창 5:3-5 참조). 아담만 죽은 것이 아니다. 하나님은 온 우주를 사망의 저주 아래 두셨다.

피조물이 허무한 데 굴복하는 것은 자기 뜻이 아니요 오직 굴복하게 하시는 이로 말미암음이라 그 바라는 것은 피조물도 썩어짐의 종노릇한 데서 해방되어 하나님의 자녀들의 영광의 자유에 이르는 것이니라(롬 8:20-21).

하나님은 자비롭고 은혜로우신 까닭에 곧바로 구원 계획을 선언하셨다.[2]

내가 너로 여자와 원수가 되게 하고 네 후손도 여자의 후손과 원수가 되게 하리니 여자의 후손은 네 머리를 상하게 할 것이요 너는 그의 발꿈치를 상하게 할 것이니라(창 3:15).

창세기 3장 15절은 죽음을 전혀 언급하지 않지만, 사단의 파멸에 대한 언급에서 불멸성의 회복이 암시되어 있다.

그 후로 죽음은 하나님의 원수가 되었다. 죽음이 죄와 심판을 상기시키기 때문에 하나님은 죽음을 대적하신다. 구약성경에서

시신과의 접촉을 의식적 부정으로 여긴 것도 바로 이 때문이다
(민 19:11-19, 31:19-20 참조).

구속

성경은 부활의 날을 예언하기 시작했다. 죽음이 하나님의 원래 계획이 아니라 그 계획에 차질이 빚어진 것이었고 사실상 그분의 원수였기 때문이다.

극심한 곤경 중에 욥은 장래의 부활 소망에 매달렸다.

내가 알기에는 나의 대속자가 살아 계시니 마침내 그가 땅 위에 서실 것이라 내 가죽이 벗김을 당한 뒤에도 내가 육체 밖에서 하나님을 보리라 내가 그를 보리니 내 눈으로 그를 보기를 낯선 사람처럼 하지 않을 것이라(욥 19:25-27).

BC 10세기에 다윗 왕도 부활에 대한 확신을 선언했다.

내 육체도 안전히 살리니 이는 주께서 내 영혼을 스올에 버리지 아니하시며 주의 거룩한 자를 멸망시키지 않으실 것임이니이다(시 16:9-10).

BC 8세기에 이사야는 다윗의 소망을 확장시켰다.

또 이 산에서 모든 민족의 얼굴을 가린 가리개와 열방 위에 덮인 덮개를 제하시며 사망을 영원히 멸하실 것이라(사 25:7-8).

주의 죽은 자들은 살아나고 그들의 시체들은 일어나리이다 티끌에 누운 자들아 너희는 깨어 노래하라 주의 이슬은 빛난 이슬이니 땅이 죽은 자들을 내놓으리로다(사 26:19).

다니엘도 장래의 부활에 대한 소망을 피력했다.

땅의 티끌 가운데에서 자는 자 중에서 많은 사람이 깨어나 영생을 받는 자도 있겠고 수치를 당하여서 영원히 부끄러움을 당할 자도 있을 것이며(단 12:2).

구약성경에는 이 같은 예언들을 뒷받침하는 세 가지 부활 사건이 수록되어 있다. 엘리야와 엘리사의 사역 시기에 일어난 일들이다. 열왕기상 17장에서 엘리야는 사르밧 과부의 죽은 아들을 살렸다. 엘리사는 엘리야의 능력의 갑절을 받았다. 그래서인지 그의 사역 중에는 두 차례의 부활이 있었다. 열왕기하 4장에서 엘리사는 수넴 여인의 죽은 아들을 살렸다. 그리고 열왕기하 13장에서는 엘리사의 무덤에 닿은 한 시신이 살아났다.

신약시대에 이르기까지 여러 세기에 걸쳐 부활에 대한 기대가 더욱 강화되었다. 예수님은 부활 생명의 제공자로 오셨다. "나는 부활이요 생명"(요 11:25)이라고 말씀하셨고, 자신의 부활을 세 차례 예언하셨다(마 16:21, 17:22-23, 20:19).

이때로부터 예수 그리스도께서 자기가 예루살렘에 올라가 장로들과 대제사장들과 서기관들에게 많은 고난을 받고 죽임을 당하고 제삼일에 살아나야 할 것을 제자들에게 비로소 나타내시니(마 16:21).

구약성경에서처럼 예수님은 이 예언들을 뒷받침하기 위해 세 사람을 살리셨다. 나인 성 과부의 아들, 야이로의 딸, 그리고 나사로가 그들이다.[3]

그리고 그것은 예수님의 부활에서 절정에 이르렀다. 예수님의 부활은 성경에 수록된 부활 기사 중 일곱 번째에 해당하며, 세 가지 중요한 측면에서 다른 것들과 다르다. 첫째, 이전 부활들은 당사자 개인과만 관련된 것이었다. 하나님이 다른 사람이 아닌 당사자 자신을 위해 그를 살리신 것이다. 반면 예수님의 부활은 집단적이었다. 하나님은 복음을 믿을 모든 사람의 대표로 예수님을 살리셨다. 예수님이 다시 살아나셨을 때, 모든 그리스도인도 그분과 함께 살아났다. 이 그리스도인들은 메시아를 대망한 구약 사람들을 포함한다. 그리스도의 부활에 참여함을 나타내는 첫 표지는 거듭남의 이적을 통한 영적 생명의 회복이다.

둘째, 이전 부활들은 일시적이었다. 살아난 자들은 나중에 다시 죽었다. 그러나 예수님의 부활은 영구적이다. 부활하신 그분은 다시 죽지 않으셨다.

끝으로 다른 부활들은 다른 누군가의 힘에 의한 것이었다. 반면 예수님은 자신의 힘으로 자신을 다시 살리셨다.

내가 내 목숨을 버리는 것은 그것을 내가 다시 얻기 위함이니 이로 말미암아 아버지께서 나를 사랑하시느니라 이를 내게서 빼앗는 자가 있는 것이 아니라 내가 스스로 버리노라 나는 버릴 권세도 있고 다시 얻을 권세도 있으니 이 계명은 내 아버지에게서 받았노라(요 10:17-18).

죽음의 죽음

그리스도의 죽음은 우리의 부활에 중요한 역할을 한다. 예수님의 죽음은 우리를 살리시기 위함이었다.

우리는 두 가지 명제에서 시작한다. 첫째, 하나님은 무한히 절대적으로 의로우시다. 둘째, 죄에 대한 징벌은 사망이다. 우리는 죄인이며 죽어야 마땅하다. 이것은 하나님이 반드시 공의대로 실행하신다는 뜻이다. 우리가 받은 사형 징벌이 해결되기 전까지 하나님은 우리에게 영생을 주실 수 없다.

예수님이 십자가를 지신 중요한 이유가 바로 이것이다. 우리를 대신하여 그분이 죽으셨다. 우리가 복음을 믿을 때, 하나님은 우리를 그리스도의 죽음과 연합시키신다. 그분의 죽음이 우리 죽음이 된다. 이제 하나님의 공의가 만족되었으므로, 우리는 그리스도의 부활에 연합된다.

여기에도 하나님의 놀라운 사랑이 있다. 예수님은 자신에게 합당한 부활에 우리를 연합시키기 위해 우리에게 합당한 죽음을 대신 당하셨다.

이미, 그러나 아직

우리가 그리스도의 부활에 연합했는데도 여전히 육체적인 죽음을 경험하는 이유는 무엇일까? 바로 그리스도의 부활을 경험하는 것이 "이미, 그러나 아직"이기 때문이다. 그리스도인은 그리스도의 부활의 유익을 어느 정도 경험하기 시작했지만, 온전한 혜택은 마지막 날에 가서야 누릴 것이다. 그날에는 하나님이 우리 몸을 먼지더미에서 다시 일으키시며, 우리는 그분의 영광을 공유할 것이다. 그분이 우리에게 영생을 공급하실 것이다. 그 이후로 우리는 죽을 수 없을 것이다.

부활을 "이미" 경험한다는 것은 무슨 뜻일까? 부활 생명의 첫 경험은 거듭남을 통해 하나님의 성령이 우리 안에 거하실 때 찾아온다. 영적으로 우리는 사망에서 생명으로 옮겨진다. 하나님의 영이 장래의 부활 생명을 미리 맛보게 하신다. 예를 들면 다음과 같다.

첫째, 하나님의 영이 우리에게 믿음의 선물을 주신다. 우리가 소망하는 바가 실제로 이루어질 것이라는 "증거"와 "실상"을 우리에게 불어넣으신다(히 11:1).

둘째, 하나님의 영이 우리에게 새로운 소원을 주신다. 우리는 하나님 말씀에 순종하고 낮은 데 처하며 작아지려 하고, 하나님과 다른 사람을 위해 헌신하는 삶을 갈망하게 된다. 이를 가리켜 베드로는 "신성한 성품에 참여한다"(벧후 1:4)고 표현한다.

셋째, 하나님의 영이 우리에게 무한히 선하며 영화로우신 그리스도를 더욱 확신시키신다. 성자 예수 그리스도를 통해 하나님 아버지를 "알려는" 갈망을 우리에게 불어넣으신다. 성령 하나님의 능력으로 성자 하나님을 통해 성부 하나님을 아는 일과 우리의 모든 행복이 결부되어 있음을 우리에게 확신시키신다. 이것이 성령의 기본적인 사역이다.

넷째, 때로 성령은 장차 올 시대의 능력을 우리더러 미리 맛보게 하신다. 초자연적으로 질병이 치유되는 것을 예로 들 수 있다. 이런 일이 일어날 때, 영생의 향기가 현재 속에 침투해 들어온다. 우리는 이를 위해 기도하며 이런 것을 기대해야 한다.

이것은 "이미"다. 그렇다면 "그러나 아직" 경험하지 못하는 부활은 어떤 것일까? 그것은 육체적인 불멸성이다. 질병과 죽음, 부패에서 자유로운 새로운 몸이다.

우리의 새 몸은 어떤 것일까? 우리는 부활하신 예수님의 모습에서 우리의 새 몸을 추측해 볼 수 있다. 예수님은 40일 동안 간헐적으로 제자들에게 나타나셨고, 그들은 그분을 알아보았다. 그들은 그분을 만지고, 음식을 드시는 모습을 보았다.

고린도전서 15장 42-44절에서 바울은 우리의 부활한 몸에 대해 몇 가지를 언급한다. 첫째, 우리의 새 몸은 불멸할 것이다. 다시 말해 그 몸은 죽거나 썩을 수 없을 것이다. 그 몸은 영광중에 다시 일어날 것이다. 이것은 우리 몸이 그리스도의 영광을 공유할 것이라는 뜻이다. 또한 그 몸은 강한 것으로 다시 살아날 것이다. 그 몸은 연약하지 않으며, 현재로서는 상상할 수 없을 정도로 강력할 것이다. 끝으로 그 몸은 "신령한" 몸으로 살아날 것이다. 말하자면 영적인 세계와 물질적인 세계가 현재 우리가 경험할 수 없는 방식으로 긴밀히 연결될 것이다. 이것은 전반적인 묘사다. 우리는 더 구체적인 묘사를 원한다. 바울이 말한 "강한 것"이란 무엇일까? "신령한" 몸이란 무엇을 뜻할까? 지금은 잘 모르나 언젠가는 알게 될 것이다.

끝으로 "그러나 아직"인 부분에 대해서는 매우 신중해야 한다. 예수님은 그리스도인과 비그리스도인을 포함하여 모든 사람이 다시 살아날 것이라고 말씀하셨다.

무덤 속에 있는 자가 다 그의 음성을 들을 때가 오나니 선한 일을 행한 자는 생명의 부활로, 악한 일을 행한 자는 심판의 부활로 나오리라(요 5:28-29).

지옥이 끔찍한 것은 그 고통을 몸으로 당하기 때문이다. 지옥의 고통은 사회적, 정신적, 영적일 뿐 아니라 육체적이기도 하다. 천국 역시 몸으로 경험하는 것이기에 놀라운 것이다. 그 즐거움과 기쁨 역시 사회적, 정신적, 영적일 뿐 아니라 육체적이다.

히브리서에 따르면 참 믿음은 "바라는 것들의 실상이요 보이지 않는 것들의 증거"(히 11:1)다. 그것은 이 모든 일이 사실임을 확신하는 것이다. 참 믿음은 우리가 복음을 믿기 때문에 그리스도의 부활 및 부활과 관련된 모든 축복에 참여할 것임을 확신하는 것이다.

부활, 우리의 소망

부활 신앙은 우리 소망의 근거이며, 소망은 인내를 독려한다. 최근 동역하는 어느 목사가 "그리스도인에게는 내생에 비하면 이생이 최악이지만, 비그리스도인에게는 내생에 비하면 이생이 최선"이라고 말했다. 우리의 소망이 이런 것이다.

소망은 중요하다. 삶의 어느 시점에서 우리는 낙심, 재정적 결핍, 질병, 노쇠, 암, 관계적 갈등, 핍박, 알츠하이머 같은 문제를 경험할 것이다. 어떤 부부들은 불임이다. 또 어떤 이들은 자녀를 일찍 잃는다. 내 손자들 가운데 한 명은 항문이 없는 상태로 태어났다. 또 다른 손자는 유치원 시기에 뇌종양에 걸렸다. 한 손녀는 생후 며칠째 되는 날 RSV 바이러스(호흡기세포융합바이러스로 5세 미만 소아에게 폐렴을 일으킨다_편집자)에 감염되어 목숨을 잃을 뻔했다. 한 친구는 20대초에 삶을 바꿔놓은 대수술을 받았다. 내 형은 한창때 뇌종양으로 사망했다. 또 어떤 친구는 신장결석 때문에 엄청난 고통을 겪었다. 우리는 타락한 세상에서 살고 있다.

이런 일들이 생길 때, 우리가 자아의 소리에 귀 기울이는 건 치명적이다. 자신에게 부활을 전하는 자들은 소망 안에서 인내한다.

앞에서 보았듯이 우리의 소망은 **이미** 여기에 있지만, **아직** 여기에 있지 않은 부분도 있다. 우리는 그것을 경험하기 시작했지만, 그 경험이 아직 충분히 명료하지는 않다. 종종 나는 캄캄할 때 일어난다. 동쪽 하늘에서 햇빛 조각이 처음 나타나기 시작하면서 내 희망도 기지개를 켠다. 낮이 다가온다. 마찬가지로 그리스도의 부활은 새 창조의 첫 햇빛이다. 그것은 장래의 큰 일들에 대한 전조가 된다. 세상은 여전히 어둠 속에 있으나, 모든 것을 정복하는 영적 빛이 점차 새날의 지평선을 넘어오고 있다.

어떻게 적용할 것인가

우리는 어떤 반응을 보여야 할까? 문제가 닥칠 때, 자신에게 귀 기울이지 말라. 자아는 상황을 보며 좌절과 절망, 낙심을 설교할 것이다. 대신 자신에게 설교하라. 자신에게 부활의 소망을 전하라.

죽음은 추하고 불쾌하지만, 그리스도의 부활이라는 진리는 아름답고 고무적이다. 그것은 죽음의 공포를 약화시킨다. 죽음의 쏘는 것을 제거한다.

부활은 비그리스도인에게 정죄로 끝나지만 그리스도인에게는 칭의로 끝난다. 자신에게 이 사실을 전하고 있는가? 이 사실을 상기시키는가? 이것이 하나님을 향한 거룩한 두려움을, 그리고 잃어버린 자들에게 복음을 전하려는 소원을 일으키는가?

성경의 세 번째 장에서 죽음이 우리 앞에 다가섰듯이, 성경 끝에서 두 번째 장은 영생의 약속으로 끝난다. 이 놀라운 말씀을 기뻐하라.

모든 눈물을 그 눈에서 닦아주시니 다시는 사망이 없고 애통하는 것이나 곡하는 것이나 아픈 것이 다시 있지 아니하리니 처음 것들이 다 지나갔음이러라(계 21:4).

이 진리를 자신에게 전하는 경우를 예로 들어보자.

"하나님 아버지, 죽음은 우리 죄에 대한 주의 당연한 징벌입니다. 우리는 그 경험을 피할 수 없습니다. 그러나 주님은 죽은 자의 부활을 약속하셨습니다. 죽음은 결코 주님의 원래 계획이 아니었습니다. 그것은 왜곡된 것이며, 주의 거룩하신 목적에서 벗어난 것입니다. 주께서 아들을 보내신 것도 바로 그 때문입니다. 제가 당해야 할 죽음을 그분이 대신 당하셨고, 그래서 저는 그분과 함께 다시 살아날 수 있습니다. 거듭남의 이적을 통해, 주께서 저를 다시 살리셨습니다. 저는 내세의 삶을 소망합니다. 그곳은 애곡이나 울음, 고통이 더 이상 없으며, 주님의 승리로 인해 사망이 삼켜지는 곳입니다."

> **요약**
>
> 1. 그리스도의 부활은 죽음을 정복했다. 이것은 불멸성의 회복을 뜻한다.
> 2. 죽지 않도록 창조된 인간이 죄를 범하여 타락하자 죽음이 들어왔으나, 성경은 계속 부활의 날을 예언한다.
> 3. 우리는 이미 그리스도의 부활을 경험했으며, 동시에 아직 그 부활을 경험하지 못했다.
>   _ 성령께서 믿음의 선물을 주시고, 새로운 소원을 주시며, 그리스도를 더욱 확신시키시고, 장차 올 시대의 능력을 미리 맛보게 하심으로 우리는 그리스도의 부활을 "이미" 경험하고 있다.
>   _ 우리는 "아직" 부활한 몸, 불멸할 몸은 경험하지 못했다.

참고 도서

- Gaffin, Richard B. Jr. *Resurrection and Redemption: A Study in Paul's Soteriology.* 재판. Philipsburg, NJ: P&R, 1987.
- Grudem, Wayne. *Systematic Theology: An Introduction to Biblical Doctrine.* Grand Rapids: Zondervan, 1994. 특히 28장 "부활과 승천", 42장 "영화(부활한 육신을 받는 것)", 57장 "새 하늘과 새 땅"을 보라. 『웨인 그루뎀의 조직 신학』, 은성.
- Warnock, Adrian. *Raised with Christ: How the Resurrection Changes Everything.* Wheaton, IL: Crossway, 2010.

Hidden in the Gospel

6장

망각된 교리, 승천

당시에는 별로 주목받지 못한 사건, 그러나 되돌아보면 결정적이었던 한 사건에 의해 민족과 문화의 장래가 좌우되는 경우가 종종 있다. 1550년의 교황 선거가 그런 사건이었다. 그 선거는 교회사(따라서 세계사)의 큰 전환점 가운데 하나였다.

『종교개혁』(The Reformation)이라는 책에서, 디어미드 맥클럭은 한 영국인 추기경이 거의 교황으로 선출될 뻔한 이야기를 들려준다.[1] 종교개혁이 시작된 지 33년이 지났을 무렵, 성경의 권위와 해석에 관한 논쟁이 중세 유럽을 프로테스탄트와 가톨릭의 양대 진영으로 분열시켰다. 그러나 많은 로마가톨릭 주교와 추기경은 성경의 권위와 이신칭의 교리를 지지했다. 더욱이 그들은 자체의 분열상을 루터교도들과 함께 치유하길 원했다. 그중 한 명이 레지날드 폴 추기경이다.

부유한 영국 귀족인 폴은 친척인 헨리 8세의 핍박을 피해 이탈리아로 달아났었다. 경건과 교회 개혁 의지와 신실성이 알려지면서 그는 뭇 사람들에게 존경을 받았다. 1537년, 교황 바오로 3세가 그를 추기경으로 등용했다. 폴은 교황의 세 대리인 가운데 하나로 트리엔트 공의회에 참석하기도 했다. 그러나 공의회에서 이신칭의를 규탄하자 폴은 그 자리를 떠나버렸다.

임종이 가까워오자 바오로 3세는 추기경단에 자신의 후임을 선출할 것을 당부했다. 첫 투표에서 폴은 네 표 부족으로 3분의 2 득표에 실패했다. 두 번째 투표에서는 한 표가 부족했고, 연이은 투표로 그는 후보 자격을 잃었다. 결국 추기경단은 공무원 출신인 율리오 3세를 바오로 3세 후임으로 선출했다. 단 한 표가 부족한 바람에 종교개혁을 지지하던 교황이 탄생하지 못했다. 폴이 선출되었다면, 과연 교회사는 어떻게 변했을까? 폴의 타협적인 리더십을 거부하며 가톨릭교회는 트리엔트 공의회의 과격한 견해를 더욱 고수했다.

왜 하나님이 이것을 허용하셨을까? 하나님이 주무신 것일까? 그분이 무관심하신 걸까? 상황을 변화시킬 권한이 그분에게 없는 걸까? 승천 교리는 이런 회의적인 질문에 "그렇지 않다"고 말해 준다.

앞에서 우리는 선택, 성육신, 그리스도의 자발적인 순종, 대속 죽음, 부활을 논의했다. 복음과 관련한 그 다음 교리는 "승천"이다. 이 교리는 하나님의 관심이 지대하심을, 그리고 인생에 우연이란 없음을 확신시켜준다.

간과된 교리

승천은 없어서는 안 될 교리다. 그리스도의 승천이 없다면, 구원도 없을 것이다. 승천이 없다면, 장래의 소망이 없을 것이다. 말하자면, 하나님이 우리 삶과 미래를 주관하신다는 확신도 없을 것이다. 승천이 없다면, 역사는 아무런 의미가 없을 것이다.

그럼에도 승천은 가장 덜 논의되고 덜 기념되는 복음 사건이다. 성탄절에는 성육신을, 부활절에는 부활을 중시하지만, 대체로 승천은 무시된다. 역사상 가장 영향력 있는 사상가인 아우구스티누스는 이렇게 썼다.

승천일은 성탄절과 부활절의 은혜를 확실하게 한다. 그리스도의 승천이 없다면 모든 절기의 효력이 사라질 것이다. 구주께서 승천하지 않으셨다면, 그분의 탄생은 아무 의미도 없고 …… 그분의 고난은 우리를 위해 아무런 열매도 맺지 못했을 것이며, 그분의 거룩한 부활도 아무 소용이 없었을 것이다.[2]

우리는 아우구스티누스의 말에 주의해야 한다. 매일의 삶에 끼치는 영향이 큰데도 승천의 중요성은 종종 간과되기 때문이다. 승천이 중요한 이유는 최소한 다섯 가지다.

* 우리의 구원에 본질적이다.
* 약속하신 성령을 주시기 위한 전제조건이다.
* 예수님이 우리를 위해 계속 중보하신다는 것을 뜻한다.
* 하나님이 우리 기도를 들으신다는 것을 뜻한다.
* 그리스도께서 역사의 모든 과정을 주관하심을 우리에게 확신시킨다. 우연은 없다.

이 다섯 가지를 하나씩 살펴보자.

구원하기 위해 승천하셨다

승천이 중요한 첫째 이유는 우리의 구원을 완성하는 데 필수이기 때문이다. 그리스도께서 이 땅에서 살고 죽고 다시 살아나셨지만, 승천하셔서 하늘에 있는 성막의 속죄소에 자신의 피를 뿌리시기 전까지는 구속 사역이 완료되지 않았다(히 9:11-14).

궁극적으로 중요한 성막은 하늘에 있는 성막이다. 모세의 성막은 하늘에서 하나님이 보여주신 성막의 복제품이다(히 8:5). 또한 예수님은 하늘에 있는 성막을 섬기는 대제사장이시다. 레위 지파의 대제사장들은 1년에 한 차례씩 지상 성막의 지성소에 들어가 속죄소에 희생 짐승의 피를 뿌렸다. 그렇게 해서 한 해 동안 지은 비고의적인 죄들을 용서받았다. 이 의식은 해마다 속죄일에 반복해야 했다.

이 모든 것이 그리스도 안에서 성취되었다. 궁극적으로 그리스도는 구약 제사장에 의해 예표된 대제사장이셨다. 그분은 하늘에 오르셔서 하늘에 있는 성막의 속죄소에 자신의 피를 뿌리셨으며, 그로써 우리의 과거와 현재, 미래의 모든 죄를 사하셨다(히 9:11-10:18).

죄책감과 불안에 시달리는 그리스도인들에게 이것은 엄청난 소식이다. 그들은 자신의 실패와 자격 없음에 더 이상 몰두하지 않는다. 대신 (과거나 현재나 장래의) 죄 때문에 낙심과 패배감을 느낄 때마다 자신에게 그리스도의 승천을 전한다.

성령이라는 선물을 받기 위한 전제조건이다

성령이라는 선물을 받는 것은 우리가 얻었기 때문이 아니라 예수님이 얻으셨기 때문이다. 하나님이 예수님을 자신의 우편으로 올리셨고, 성령이라는 선물을 주셨다(행 2:33). 오순절의 성령 부으심은 그리스도께서 아버지 우편으로 승천하여 주와 그리스도의 칭호를 얻으셨음을 입증한다(행 2:33-36).

그리스도의 승천은 우리 가운데 성령이 내주하며 임재하시기 위한 필수적인 전제조건이다.

중보를 위해 승천하셨다

예수님의 승천이 중요한 셋째 이유는 성도를 중보하시기 위해서다. 예수님은 속죄소에 자신의 피를 뿌리신 뒤, 주야로 교회를 중보하시기 위해 하나님 우편에 앉으셨다. 그분은 각 성도를 위해 지속적으로 영원히 중보하신다. 그분은 아버지와 함께 계시기 때문에 그분의 모든 기도는 응답된다. 이 진리는 다음과 같은 의미로 적용된다.

첫째, 그리스도께서 항상 우리를 위하심을 뜻한다. 그리스도는 결코 우리를 대적하지 않으신다. 많은 그리스도인은 예수님의 중보 사역을 이런 식으로 생각한다. "아버지, 아무개를 심판하소서. 그의 나약함과 실패를 징벌하소서. 나를 화나게 하니 그를 처리하소서." 그러나 사실은 전혀 그렇지 않다. 예수님은 자신을 믿는 자들을 늘 "위하신다." 바울은 "만일 하나님이 우리를 위하시면 누가 우리를 대적하리요"라고 단언한다(롬 8:31). 이것은 수사의문문이다. 질문 속에 답이 암시되어 있다. 하나님은 결코 우리를 대적하지 않으신다. 그분은 복음을 믿는 자들을 항상 위하신다. 그분은 늘 우리 편이시다. 언제나 우리를 지지하신다.

"그렇지만 내가 얼마나 끔찍한 짓을 저질렀는지 당신은 모른다"고 말하는 사람도 있다. 그렇다. 나는 모른다. 굳이 내가 알 필요도 없다. 그러나 하나님 말씀은 분명하다. 그리스도의 자발적인 순종(3장)과 그분의 대속 죽음(4장)은 가장 극악한 죄마저 처리할 수 있다. 하나님의 자비가 닿지 않는 곳에 있는 죄인은 없다. 하나님이 우리 죄를 용서하시면, 우리는 자신의 느낌과 상관

없이 그분의 친구이자 팀원이 된다. 이것은 그리스도께서 늘 "우리를 위해" 중재하고 계심을 뜻한다.

그리스도의 중보는 사랑의 표현이다. 때로 나는 낙심에 빠진다. 내 감정에 귀를 기울이기 때문이다. 그러나 그것을 멈추고 그리스도의 승천을 나 자신에게 전하면, 예수님이 하나님 우편에서 나를 위해 중보하고 계심을 상기하게 된다. 예수님은 나를 위하신다. 나를 대적하지 않으신다. 그분이 내 모든 삶을, 심지어 낙심 상태마저 중보하신다. 그것은 그분의 특별한 선물이다. 곧바로 내 기분이 바뀌고, 내 영이 고무된다. 내가 그리스도의 승천을, 그리고 그것이 실제로 내게 무슨 의미를 지니는지를 묵상할 때, 주님의 기쁨이 내 낙심을 몰아낸다.

또한 그리스도의 중보는 정죄의 안개를 사라지게 한다. 사도 바울은 "누가 정죄하리요 죽으실 뿐 아니라 다시 살아나신 이는 그리스도 예수시니 그는 하나님 우편에 계신 자요 우리를 위하여 간구하시는 자시니라"고 선언한다(롬 8:34). 이 말씀의 취지는 무엇일까? 우리를 지극히 사랑하여 자신을 잔혹한 죽음에 내어주신 분이 하나님 우편에서 우리를 위해 간구하는 중보자시다. 그분은 우리를 정죄하기 위해 승천하신 것이 아니다. 그리스도께서는 우리를 정죄하시는 동시에 우리를 위해 중재하시지는 않는다.

또한 그리스도께서는 우리의 평탄한 삶을 위해서만 기도하시

는 것이 아니다. 때로는 고통스러운 상황을 위해서도 기도하신
다. 왜 그럴까? 우리를 사랑하시기 때문이다. 아버지는 사랑하
는 아들을 연단하신다. 그리스도는 장래의 영광에 합당하도록
우리를 훈련시키신다.

> 우리가 잠시 받는 환난의 경한 것이 지극히 크고 영원한 영광의 중
> 한 것을 우리에게 이루게 함이니(고후 4:17).

주목하라. 환난은 가볍고 일시적이지만, 영광은 중하고 영원
하다. 우리가 근육 운동을 많이 할수록 근육은 더 커진다. 자신
의 눈을 그리스도께 고정시키고 고난을 받을수록 하나님은 그를
장래의 영광에 더욱 합당하게 만드신다.

하나님은 중보 사역에 필요한 모든 권한을 그리스도에게 주셨
다. 우리를 위해 중보하는 분은 과거와 미래의 모든 사건을 주관
하신다(마 28:18). 그분의 중보 기도는 모두 응답된다. 이것은 우리
삶에 우연한 사건이란 없음을 뜻한다.

우리의 중보 사역을 위한 근거다

그리스도의 승천이 중요한 넷째 이유는, 우리의 중보 기도를
위한 근거이기 때문이다. 이 책은 그리스도와의 연합을 강조해
왔다. 그 연합으로 지금 우리는 천상에서 그리스도와 함께 있다

(엡 2:6). 그렇기 때문에 우리가 기도로 아버지 앞에 나아갈 수 있는 것이다. 그리스도와 연합한 우리는 이제 그분의 자발적 순종으로 옷 입고 있다. 우리의 모든 죄가 완전히 사해졌다. 앞에서 보았듯이, 그 죄는 속해졌다. 이제 아버지께서 아들의 중보를 기뻐하시듯이 우리의 중보도 기뻐하신다.

다스리기 위해 승천하셨다

승천이 중요한 다섯째 이유는, 예수님이 다스리기 위해 승천하셨기 때문이다. 그리스도의 중보가 그토록 능력 있는 것은, 아버지께서 그분에게 이 땅의 모든 일을 주관하며 다스리는 권세를 주셨기 때문이다. 이 사실이 중요한 이유를 이해하려면, 하나님의 인간 창조 목적을 돌이켜보아야 한다. 아담을 지으신 한 가지 목적은 그분을 대신하여 이 땅을 통치하게 하시는 것이었다.

하나님이 그들에게 복을 주시며 하나님이 그들에게 이르시되 생육하고 번성하여 땅에 충만하라, 땅을 정복하라, 바다의 물고기와 하늘의 새와 땅에 움직이는 모든 생물을 다스리라 하시니라(창 1:28).

"다스리다"는 말을 들을 때, 종종 우리는 압제나 억압, 개인적인 이득을 위해 다른 사람을 이기적으로 이용하는 것을 떠올린다. 그러나 하나님의 계획은 그렇지 않았다. 하나님이 사람을 지으신 것은 "종"으로서 다스리게 하시기 위해서였다. 사람은 자신을 희생해서라도 다른 이들에게 행복을 가져다주는 섬김의 방식으로 다스려야 했다. 궁극적으로 예수님의 십자가는 그 다스림이 어떤 것인지를 보여준다.

아담과 하와가 죄를 범했을 때, 그들은 다스리는 권한을 상실했다. 앞서 보았듯이 이제 사람들은 다른 사람을 희생시켜서라도 자신의 이득을 챙기기 위해 힘을 남용한다.

그러나 아담의 실패가 종 된 통치자를 통해 세상을 다스리시려는 하나님의 계획을 좌절시킬 수는 없었다. 때가 차자 하나님이 두 번째 아담을 보내셨다. 베들레헴 마구간에서 처녀의 몸에서 태어난 예수님은 오래도록 이스라엘이 대망하던 메시아셨다. 그분은 "다윗의 자손"이 하나님 보좌에 앉으리라는 하나님의 약속을 성취하기 위해 오셨다. "두 번째 아담"으로서 예수님은 첫 아담에게 하나님이 맡기신 종으로서의 통치를 완수하러 오셨다. "하나님의 아들"로서 이 땅의 통치를 하나님께 돌려드리려고 오셨다.

예수님은 하나님이 아담에게 맡기신 종 된 통치자의 역할을 충실히 담당하셨다. 당시에는 아무도 그 사실을 이해하지 못했다. 그분은 자기 백성을 부요케 하기 위해 죽으셨다. 2장에서 보았듯이 예수님은 자기 백성이 더욱 행복해지도록 자신을 "비우셨다." 다시 말해 십자가가 다윗 자손의 보좌였다. 그 보좌를 통해 그분의 통치가 어떤 것인지 보여주셨다. 이것은 우리의 타락한 마음에 전적으로 반하는 것이다.

메시아의 오심은 스스로 하늘 권세를 포기하심을 뜻했다. 하나님은 피조 세계에 불변의 원칙을 심으셨다. 자신을 낮추는 자는 높아지고, 자신을 높이는 자는 낮아질 것이다. 2장에서 보았듯이 예수님의 성육신과 죽음은 역사상 가장 위대한 겸손의 표현이다. 바울은 이렇게 외쳤다.

> 이러므로 하나님이 그를 지극히 높여 모든 이름 위에 뛰어난 이름을 주사 하늘에 있는 자들과 땅에 있는 자들과 땅 아래에 있는 자들로 모든 무릎을 예수의 이름에 꿇게 하시고 모든 입으로 예수 그리스도를 주라 시인하여 하나님 아버지께 영광을 돌리게 하셨느니라 (빌 2:9-11).

다시 말해서 하나님이 첫 아담에게 맡기신 통치권을 이제 둘째 아담이 지니고 계시며, 그분이 그 통치권을 지니게 된 것은 무한히 낮아지셨기 때문이다.

이것은 참으로 좋은 소식이다! 이것은 우리를 중보하는 분이 주권적이심을 뜻한다. 그분은 자신의 모든 요청이 이루어지게 하는 능력을 지니고 계신다. 시공간의 그 무엇도 우연이 아니다. 레지날드 폴을 선출하지 못한 추기경단의 투표도 우연이 아니었다. 그렇게 된 것도 그리스도의 중보 때문이다. 어린아이가 암에 걸리는 것도 우연이 아니다. 그리스도께서 대제사장적 중보 사역을 통해 모든 일이 일어나게 하신다. 그 모든 일은 성도의 궁극적 유익을 위한 것이다. 주식시장이 무너지는 것도 우연이 아니다. 내일 3차 세계대전이 일어난다면, 그것도 우연이 아닐 것이다.

어떤 이들은 하나님이 선하시므로 고통스런 일을 허용하실 수 없다고 생각한다. 그러나 성경을 보면 그런 생각은 사라진다. 마귀는 하나님께 허락을 받고 욥을 괴롭혔다(욥 1:6-12). 욥은 자신의 고통에 대해 마귀를 비난한 것이 아니라 "주신 이도 여호와시요 거두신 이도 여호와시오니"(욥 1:21)라고 말했다. 그리고 "우리가 하나님께 복을 받았은즉 화도 받지 아니하겠느냐"(욥 2:10)라고 했다. 예레미야는 "화와 복이 지존자의 입으로부터 나오지 아니하느냐"(애 3:38)라고 말했다. 그리고 선지자 아모스는 "여호와의 행하심이 없는데 재앙이 어찌 성읍에 임하겠느냐"(암 3:6)며 반문했다. 이사야는 "나는 빛도 짓고 어둠도 창조하며 나는 평안도 짓고 환난도 창조하나니 나는 여호와라 이 모든 일들을 행하는 자니라"(사 45:7)는 말씀을 대언했다. 그러나 하나님은 결코 우리를 시험하거나 악을 부추기지 않으신다(약 1:13-15).

어떻게 적용할 것인가

그리스도의 승천은 참으로 중요한 사건이다. "하나님을 사랑하는 자 곧 그의 뜻대로 부르심을 입은 자들에게는 모든 것이 합력하여 선을 이루느니라"(롬 8:28)는 바울의 선언은 그리스도의 통치와 중보에 근거한다. 내 손자가 뇌종양 판정을 받았을 때, 그리스도의 승천에 대한 믿음으로 나는 이렇게 기도했다. "하나님 아버지, 좋습니다. 그리스도께서 승천하셨습니다. 그분이 역사의 보좌에 앉아 계십니다. 윌리엄의 종양은 그리스도께서 나와 내 아내, 내 아들과 며느리, 그리고 내 손자를 위해 중보하고 계시기 때문에 생겼습니다. 주님은 우리를 위하십니다. 저는 주께서 우리를 대적하지 않으심을 압니다. 그리스도께서 모든 권세와 권능을 지니셨음을 믿기 때문에 저는 이것이 우연이 아님을 압니다. 제 손자가 살든지 죽든지, 주께서 그 모든 것을 통해 선을 이루십니다."

또한 그리스도의 승천 때문에 우리 삶과 역사가 의미를 지닌다. 이 글을 쓰는 지금도 우리 문화는 변하고 있다. 사람들은 미래가 어떻게 전개될 것인지 염려한다. 두려워하는 이들도 있다. 그러나 그리스도의 승천은 역사가 어디론가 향하고 있음을 선언한다. 역사는 목적이 있다. 우연이란 없다. 선하며 거룩하신 하나님이 주관하시며, 모든 일을 자신의 뜻에 따라 일으키신다. 이 사실을 잘 이해하는 한 친구는 미국의 지방 선거가 민주당의 승리로 끝난 후에 이렇게 말했다. "나는 공화당을 찍었지만, 하나님이 민주당을 택하셨어."

결국 하나님은 모든 대적을 제압하실 것이다. 둘째 아담은 첫 아담이 실패한 일을 하고 계신다. 이 땅에서 하나님의 통치를 실행하신다. 십자가는 그 권위의 표지다. 그리스도는 종 된 통치자시다.

승천에 대한 확신은 위대한 선교적 결단을 낳는다. 현대 선교 운동의 아버지인 윌리엄 캐리 같은 사람들은 승천하신 그리스도를 믿었기 때문에 가족의 위험마저 감수하며 대양을 건너갔다. 그들은 승천하여 만물을 주관하는 그리스도께서 그분의 영광을 위해 그들의 미약한 노력을 사용하실 것이라고 확신했다.

스데반의 경험도 그런 것이다. 유대인들이 돌로 치기 시작했을 때, 그는 고개를 들고 하나님 우편에 계신 예수님을 보았다 (행 7:55-56). 크게 고무된 그는 원수들을 용서하고 성령의 위안 속에서 죽음을 맞았다. 그는 왕이신 예수님이 그의 죽음을 선하게 사용하심을 알고 있었다.

끝으로 승천은 우리의 왕과 주이신 분이 우리의 위대한 대제사장이기도 하심을 뜻한다. 그분은 전제 군주가 아니시다. 통치자이신 그분은 하늘에 올라가서 천상의 속죄소에 자신의 피를 뿌리신 분이기도 하다. 중보자께서는 줄곧 우리를 위하신다.

『틴데일 성경사전』(Tyndale Bible Dictionary)은 이렇게 설명한다.

그리스도의 승천은 우리를 긍휼히 여기셔서 우리를 위해 중보하실 분이 계심을 뜻한다(요일 2:1). 예수님은 우리가 경험한 모든 것(탄생, 성장, 배고픔, 시험, 고난, 죽음)을 경험하셨다. 따라서 하늘의 하나님 앞에서 효과적으로 중보하실 수 있다(히 2:17, 5:7-10). 그리스도의 승천은 하나님이 인간의 상황을 이해하심을, 따라서 그리스도인들이 기도로 담대히 그분에게 나아갈 수 있음을 확신케 한다(히 4:14-16).[3]

자신에게 복음을 전하라. 자신에게 귀 기울이지 말라. 자신의 두려움과 염려, 여러 가지 의심에 귀 기울이지 말라. 하나님이 당신을 대적하신다고, 당신의 삶이 아무런 통제도 받지 않는다고 당신의 자아가 말할 때, 다음 메시지를 자신에게 전하라.

"하나님 아버지, 주의 아들을 보내어 저의 위대한 대제사장이 되게 하심을 감사드립니다. 저를 위해 뿌리신 그분의 피를 받아 주시니 감사합니다. 제 상황을 제압하는 모든 권능과 권세를 그분에게 주심을 감사드립니다. 저를 위한 그분의 중보에 귀 기울이심을 감사드립니다. 이제 저는 주의 선하심 안에서, 그리고 주의 아들에게 맡기신 절대 주권 안에서 안식합니다. 저는 과거에 대해 주를 신뢰합니다. 미래에 대해서도 주를 신뢰합니다. 저는 아무것도 두려워하지 않습니다. 그리스도께서 주의 우편에서 저를 위해 중보하시며, 그분은 언제나 저를 위하십니다. 결코 저를 대적하지 않으십니다."

→ 요약 ←

1. 승천 교리는 하나님이 우리에게 많은 관심을 쏟으신다는 것과, 따라서 인생에 우연이 없다는 것을 확신시켜준다.
2. 승천이 중요한 다섯 가지 이유
   _ 구원에 본질적이다.
   _ 약속하신 성령을 받기 위한 전제조건이다.
   _ 예수님이 우리를 위해 중보하신다.
   _ 하나님이 우리 기도를 들으신다.
   _ 예수님이 모든 역사를 주관하신다.

참고 도서

- Blanchard, John. *Where Is God When Things Go Wrong?* Darlington, UK: Evangelical Press, 2005.
- Carson, D. A. *How Long, O Lord?: Reflections on Suffering and Evil.* Grand Rapids: Baker, 1990.
- Grudem, Wayne. *Systematic Theology: An Introduction to Biblical Doctrine.* Grand Rapids: Zondervan, 1994. 특히 28장 "부활과 승천"을 보라. 『웨인 그루뎀의 조직 신학』, 은성.
- Larkin, W. J., Jr. "Ascension." *Dictionary of the Later New Testament and Its Developments*, Ralph P. Martin과 Peter H. Davids 편저. Downers Grove, IL: IVP Academic, 1997에 실림.
- Watson, Thomas. *A Body of Divinity.* 1692. 재판, Edinburgh, UK: Banner of Truth, 1958. 특히 4부 7장 "그리스도의 높아지심(승귀)"를 보라. 『신학의 체계』, 크리스챤다이제스트.

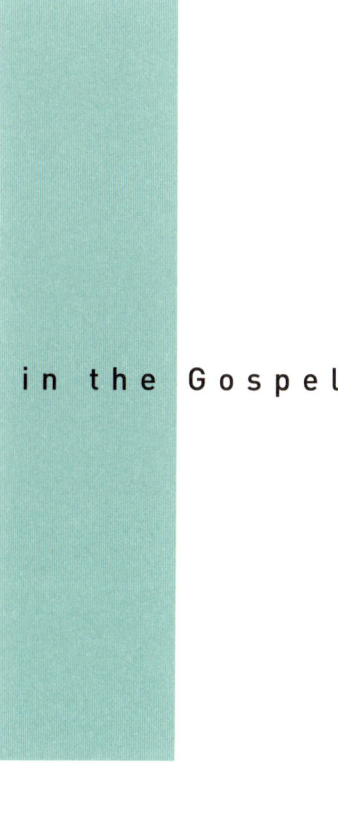

Hidden in the Gospel

7장

다시 오실 그리스도

현 상태에 안주하는 것은 문제가 될 수 있다. 그러나 많은 그리스도인이 그 부분에 무감각하다. 그들에게는 긴박감이 없다. "한 세대는 가고 한 세대는 오되 땅은 영원히 있도다"(전 1:4)라고 솔로몬은 말한다. 그의 말은 계속된다.

해는 뜨고 해는 지되 그 떴던 곳으로 빨리 돌아가고 바람은 남으로 불다가 북으로 돌아가며 이리 돌며 저리 돌아 바람은 그 불던 곳으로 돌아가고(전 1:5-6).

솔로몬은 일상의 단조로움을 표현했다. 일상의 규칙성이 우리를 무감각하게 한다. 해는 뜨고 진다. 계절은 오고 간다. 이 모든 것이 일관되게 진행한다. 이 모든 것이 우리를 영적으로 게을러지게 할 수 있다. 대격변에 관한 성경 예언들에 무감각해지게 하고, 우리의 영적 긴박감을 떨어뜨릴 수 있다.

이것은 조롱하는 자의 태도다. 그들은 "주께서 강림하신다는 약속이 어디 있느냐 조상들이 잔 후로부터 만물이 처음 창조될 때와 같이 그냥 있다"(벧후 3:4)라며 조롱한다.

그리스도인들도 이런 태도를 보일 수 있다. "하늘과 땅은 그 동일한 말씀으로 불사르기 위하여 보호하신 바 되어 경건하지 아니한 사람들의 심판과 멸망의 날까지 보존하여 두신 것"(벧후 3:7)이라는 사실을 잊을 때 그런 태도가 나타난다.

삶의 규칙적인 패턴에 덧붙여, 복음을 통해 우리에게 주어지는 은혜가 우리를 무감각해지게 할 수도 있다. 우리의 일상이 어떠해야 하는지에 부주의해지며 심지어 하나님의 은혜를 남용하게도 되는 것이다.

마크라는 친구가 있었다. 그는 아무런 의욕이 없었다. 일을 꾸준히 하지 않았다. 일자리를 얻을 때면 파트타임인 경우가 많았다. 석사 학위가 여러 개였지만 그것들을 활용하지 못했다. 그는 늘 텁수룩하고 단정치 못했다. 직업에서와 마찬가지로 영적인 면에서도 의욕이 없었다. 그의 기독교는 은혜와 안식뿐이었다. 그의 이마에는 영적인 땀이 없었다. "모든 것을 하나님께 맡기자"가 그의 모토였다.

마크에게는 동기부여가 결여되었다. "그리스도의 재림"과 거기 내포된 진리(죽은 자의 부활과 최후의 심판과 같은 진리)에 대한 분명한 확신이 없었기 때문이다. 이것이 이 장의 주제다. 이들을 날마다 자신에게 전하는 그리스도인은 복되다.

그리스도의 재림에 대한 확신은 의욕 없는 자들을 자극한다. 1970년대에 내가 그리스도인이 되었을 때, 지저스 피플(Jesus People) 사람들에게는 긴박감이 있었다. 그들이 즐겨 사용하는 표현은 "마라나타"였다. 이것은 "주 예수여, 오시옵소서"라는 뜻의 헬라어다. 그들은 언제든 주님이 오실 것을 기대하며 열망했다. 그것이 그들을 고무시켰다. 그들은 열정적으로 복음을 전했다. 경건하게 살며 복음을 전하려는 불타는 소원에 사로잡혔다.

그리스도께서 우리의 생애 중에 오실 수도 있고 오시지 않을 수도 있다. 그러나 언젠가는 오실 것이다. 그분이 오시면 그분의 왕권이 이 땅에 확립될 것이다. 그 일은 우리가 예측하지 못한 때에 일어날 것이다.

앞 장에서는 그리스도께서 승천하여 모든 권능과 권세를 받으셨음을 언급했다. 그리스도는 보좌에 앉아 다스리신다. 그분은 모든 대적을 정복할 때까지 그렇게 하실 것이다. 그런 후에 죽은 자들을 다시 살려 심판하기 위해 재림하실 것이다. 모든 무릎이 꿇리고 모든 혀가 예수 그리스도를 주로 고백하여 하나님 아버지께 영광을 돌릴 것이다(빌 2:10-11). 이것은 엄연한 사실이다. 하나님이 그리스도의 재림을 계획하여 우리로 영적 긴박감을 갖게 하셨다. 그분의 재림이 죽은 자의 부활과 최후의 심판을 알리는 신호가 될 것이기 때문이다.

우리는 쉽게 그리스도의 재림을 의심한다. 재림은 자연법칙을

뒤엎는 격변이 따르기 때문이다. 그러나 그리스도는 반드시 다시 오신다. 그것은 위대한 이야기의 마지막 장이나 절정과 같다. 그리스도의 재림이 없다면, 역사는 헤어진 연인이 각자의 길을 가는 것으로 끝나는 소설 같을 것이다. 재림이 없다면, 에덴에서 시작된 이야기는 해피엔딩으로 마무리되지 않을 것이다.

앞 장에서 언급했지만, 그 이야기를 요약해 보자. 하나님은 우주를 완벽하게 창조하셨다. 아담을 지으시고, 그에게 피조 세계를 다스리라고 명하셨다. 아담이 죄를 범했을 때, 하나님은 그 권위를 빼앗았고, 그것을 둘째 아담인 예수 그리스도에게 주셨다. 십자가에서 예수님은 자신의 종 된 권세가 어떤 것인지 보여 주셨다. 그것은 스스로 죽음의 길로 나아가시는 권세였다.

겸손을 기반으로, 예수님은 하늘에 오르셔서 모든 권능과 권세를 받으셨다. 그 후로 그분은 인간 역사를 주관해 오셨다. 예수님의 마지막 원수는 사망이며, 그분은 죽은 자들을 다시 살리시는 것으로 사망을 정복하실 것이다. 그런 후에 모든 사람에게 심판을 선언하실 것이다. 창세기 1, 2장에 묘사된 하나님의 원래 계획이 온전히 실현될 것이다. 죄가 멸해지고 모든 반역이 정복되며 영원한 생명이 회복될 것이다.

요약하자면, 그리스도의 재림은 두 가지 사건을 수반할 것이다. 첫째, 그리스도께서 죽은 자들을 다시 살리실 것이다. 둘째, 최후의 심판을 실행하실 것이다.

그리스도의 재림을 그려보다

문학 거장인 괴테는 "실재를 상상할 수 있는 사람은 극히 드물다"고 말했다.[1] 궁극적 실재는 매우 위대해서 그것을 상상하는 사람마저 거의 없다는 뜻이다. 대부분의 그리스도인도 그렇게 생각한다. 그러나 우리의 상상력을 동원하지 않는다면 영적 경험이 곤궁해질 것이다.

하나님은 우리의 영적 성장에 도움이 되도록 상상력을 주셨다. 『내면의 적』(The Enemy Within)이라는 책에서 크리스 룬드가드는 청교도 신학자 존 오웬의 고전 『죄와 유혹』(Sin and Temptation)을 요약했다.[2] 상상력은 우리를 돕는 무기가 될 수도 있고, 죄의 유혹을 강화하는 도구가 될 수도 있음을 오웬은 알고 있다. 다시 말해 우리의 상상력이 집중되는 것이 우리를 지배하는 경향이 있다. 그렇기 때문에 지혜로운 성도는 적극적인 상상을 동원하여 성경을 읽으며, 읽은 말씀을 하루 종일 묵상한다. 성경에서 과거와 미래의 주요 사건들에 대해 회화적인 이미지를 제시하는 것도 바로 이 때문이다. 하나님은 우리가 끊임없이 궁극적 실재를 상상하길 원하신다.

성경은 진지하면서도 소망적인 상상력을 부추기기 위해 회화적으로 묘사한다. 예수님의 승천에 관한 누가의 묘사가 한 예다. 승천하시는 예수님을 사도들이 보고 있을 때, 두 천사가 나타나 이렇게 말한다.

갈릴리 사람들아 어찌하여 서서 하늘을 쳐다보느냐 너희 가운데서 하늘로 올려지신 이 예수는 하늘로 가심을 본 그대로 오시리라(행 1:11).

예수님은 천사들을 대동하고 육체로 승천하신 것처럼, 재림 때에도 천사들을 대동하고 육체로 하늘에서 내려오실 것이다. 다만 그분의 재림은 한 가지 면에서 다를 것이다. 한두 천사가 아니라 수만 천사와 함께 오실 것이다(단 7:10 참조, 유 14).
데살로니가전서 4장 16-17절은 더 세부적으로 묘사한다.

주께서 호령과 천사장의 소리와 하나님의 나팔 소리로 친히 하늘로부터 강림하시리니 그리스도 안에서 죽은 자들이 먼저 일어나고 그 후에 우리 살아남은 자들도 그들과 함께 구름 속으로 끌어 올려 공중에서 주를 영접하게 하시리니.

또 다른 곳에서는 이렇게 말한다.

주 예수께서 자기의 능력의 천사들과 함께 하늘로부터 불꽃 가운데에 나타나실 때에 하나님을 모르는 자들과 우리 주 예수의 복음에 복종하지 않는 자들에게 형벌을 내리시리니 이런 자들은 주의 얼굴과 그의 힘의 영광을 떠나 영원한 멸망의 형벌을 받으리로다 그날에 그가 강림하사 그의 성도들에게서 영광을 받으시고 모든 믿는 자들에게서 놀랍게 여김을 얻으시리니(살후 1:7-10).

이 본문들은 우리의 상상을 한껏 고무시킨다. 첫째, 예수님은 구름을 타고 육체로 오실 것이다.

구름과 흑암이 그를 둘렀고 의와 공평이 그의 보좌의 기초로다 불이 그의 앞에서 나와 사방의 대적들을 불사르시는도다(시 97:2-3).

예수님의 재림은 땅을 진동시키고 뜨거운 불과 요란한 굉음을 동반할 것이다. 그분이 천둥처럼 명하시고, 대천사들의 음성이 우렁차게 울리며, 하나님의 나팔소리가 하늘을 찢을 것이다. 이 소리들의 데시벨은 어느 정도일까? 만물의 기초를 뒤흔들기에 충분할 것이다. 우리가 차를 몰다가 급정거하면, 뒤따라오던 차량이 요란한 경적소리를 낸다. 이 경적소리도 그리스도의 재림 때 울려 퍼질 대천사의 외침에 비하면 아무것도 아니다. "내가 또 한 번 땅만 아니라 하늘도 진동하리라"(히 12:26).

그리스도께서는 나사로의 무덤에서 "나사로야, 나오라"고 외치셨다(요 11:43). 그러자 죽은 사람의 몸에 생명이 들어가 그가 살아났다. 나사로에게 하신 예수님의 명령은 재림 때 외치실 명령의 전조다.

나팔소리가 나매 죽은 자들이 썩지 아니할 것으로 다시 살아나고 우리도 변화되리라(고전 15:52).

그분의 권세 있는 말씀이 무덤을 열고, 우리의 육체를 다시 일으켜 생명을 불어넣을 것이다. 먼저 죽은 성도가 살아날 것이다. 그 다음에 살아 있는 성도가 그들과 합류하여 공중에서 주님을 만날 것이다. 수많은 사람에게 동시에 그런 일이 일어나는 것을 생각해 보라. 죽음을 영원히 몰아내시는 그리스도의 전능하신 명령 앞에 땅이 갈라지고 우주가 뒤흔들릴 것이다. 또한 데살로니가후서에서는 "불꽃"을 언급한다. 우주적인 규모의 버너나 화염방사기를 생각해 보라. 하나님은 태양을 만들어 화씨 1만 도까지 열을 올리셨다. 데살로니가후서에 나오는 바울의 묘사는 시편 50편 3-4절 같은 본문에 기초한 것이다.

우리 하나님이 오사 잠잠하지 아니하시니 그 앞에는 삼키는 불이 있고 그 사방에는 광풍이 불리로다 하나님이 자기의 백성을 판결하시려고 위 하늘과 아래 땅에 선포하여.

선지자 다니엘도 비슷한 언급을 한다.

왕좌가 놓이고 옛적부터 항상 계신 이가 좌정하셨는데 그의 옷은 희기가 눈 같고 그의 머리털은 깨끗한 양의 털 같고 그의 보좌는 불꽃이요 그의 바퀴는 타오르는 불이며 불이 강처럼 흘러 그의 앞에서 나오며 그를 섬기는 자는 천천이요 그 앞에서 모셔 선 자는 만만이며 심판을 베푸는데 책들이 펴 놓였더라(단 7:9-10).

성경의 묘사들이 이처럼 회화적인 이유는 무엇일까? 하나님은 우리가 열심히 생각하기를 바라신다. 영원한 실재에 관해 상상력을 동원하여 생각하기를, 그런 후에 그 내용을 날마다 자신에게 전하기를 원하신다.

그리스도의 재림에 이어 두 가지 사건이 뒤따를 것이다. 죽은 자들의 부활과 최후의 심판이다. 이 두 사건이 우리의 구원을 완성시킬 것이다. 종종 우리는 주변 사람들에게 "당신은 구원 받았는가?" 하고 묻는다. 이것은 "당신이 예수 그리스도의 속죄 사역을 믿어 하나님과 화목하게 되었는가?"라는 뜻이다. 그러나 우리는 끝까지 인내하여 몸의 부활을 경험하고 최후의 심판 때 의롭다 하심을 받기 전까지는 아직 구원 받은 것이 아니다.

죽은 자들의 부활

5장에서 이미 논의했듯이 부활은 매우 중요한 복음 교리다.

우리 교회의 한 교인은 심각한 간부전에서 회복되고 있다. 어떤 교인은 유방암으로 양쪽 가슴을 모두 잃었다. 또 어떤 젊은 교인은 6개월간 두 번째 화학치료를 견뎌냈다. 우리는 타락한 세상에 살고 있다. 코넬리우스 플랜팅가의 말을 빌면, 일들이 "원래 계획된 방식으로 되어 있지 않다."[3] 5장에서 보았듯이 죽음과 노쇠, 질병은 하나님의 최종 계획이 아니다. 이들은 그분의 원수이며, 타락한 세상의 징후들이다. "맨 나중에 멸망 받을 원수는 사망이니라"(고전 15:26).

불멸성이 죽음을 삼키기 전까지는 우리의 구원이 완성되지 않을 것이다. 부활의 삶은 거듭남에서 시작되지만, 완성은 그리스도께서 우리 몸을 다시 살리실 때 이루어진다. "그리스도 예수를 죽은 자 가운데서 살리신 이가 너희 안에 거하시는 그의 영으로 말미암아 너희 죽을 몸도 살리시리라"(롬 8:11).

예수님의 재림은 영원한 삶의 도래를 의미할 것이다. "나팔 소리가 나매 죽은 자들이 썩지 아니할 것으로 다시 살아나고 우리도 변화되리라"(고전 15:52).

그리스도인이든 비그리스도인이든 모든 사람이 다시 살아날 것이다. 성도에게 그것은 기쁨을 뜻할 것이다. 그 영원한 즐거움은 영적인 것에 국한되지 않을 것이다. 우리의 기쁨은 지적, 정서적, 사회적, 육체적인 것이기도 할 것이다. 반대로 비그리스도인에게는 부활이 영혼과 육체의 고통을 뜻할 것이다. 이에 대해 예수님은 이렇게 말씀하셨다. "무덤 속에 있는 자가 다 그의 음성을 들을 때가 오나니 선한 일을 행한 자는 생명의 부활로, 악한 일을 행한 자는 심판의 부활로 나오리라"(요 5:28-29).

최후의 심판

이생에서 갖가지 심판을 피할 수 없듯이, 죽음 이후에도 심판이 임할 것이다. 학업 성적도 일종의 심판이다. 해마다 시행되는 인사고과도 심판이다. 사장이 사원들의 성과를 심판하고, 사원들은 자신이 어떻게 하고 있는지 알게 된다. 올림픽 경기에 나선 선수들도 심판을 받는다. 우리는 심판을 하거나 심판을 받으면서 살아간다.

마찬가지로 삶의 마지막에 최후의 심판이 있다. 누구도 제외되지 않는다. "한 번 죽는 것은 사람에게 정해진 것이요 그 후에는 심판이 있으리니"(히 9:27). 사려 깊은 자들은 대부분 이 말씀에 동의한다. 3장에서 보았듯이, 그들이 서로 일치하지 않는 것은 하나님의 기준에 대해서다. 그 기준은 완벽, 곧 하나님의 의다. 바울은 마지막 심판을 상세히 묘사하며 이렇게 경고한다.

네 고집과 회개하지 아니한 마음을 따라 진노의 날 곧 하나님의 의로우신 심판이 나타나는 그날에 임할 진노를 네게 쌓는도다 하나님께서 각 사람에게 그 행한 대로 보응하시되 참고 선을 행하여 영광과 존귀와 썩지 아니함을 구하는 자에게는 영생으로 하시고 오직 당을 지어 진리를 따르지 아니하고 불의를 따르는 자에게는 진노와 분노로 하시리라(롬 2:5-8).

여기서 "진노와 분노"는 참으로 무서운 표현이다. 무한한 권능을 지니신 하나님의 "진노와 분노"는 어떤 것일까? 그것은 전능하고 전지하신 분의 진노와 분노다. 그 어떤 것도 하나님의 눈을 피할 수 없다. 그분은 우리 삶의 감춰진 모든 부분까지 세세하게 살피신다. "내가 너희에게 이르노니 사람이 무슨 무익한 말을 하든지 심판 날에 이에 대하여 심문을 받으리니"(마 12:36)라고 예수님은 말씀하신다.

모든 사람에 대한 심판은 그의 언행에 근거할 것이다. 바울은 고린도 교회에 이렇게 경고한다. "이는 우리가 다 반드시 그리스도의 심판대 앞에 나타나게 되어 각각 선악간에 그 몸으로 행한 것을 따라 받으려 함이라"(고후 5:10). 그리고 "우리는 주의 두려우심을 알므로 사람들을 권면하거니와"(11절)라며 덧붙인다. 장래의 심판이라는 실재가 위대한 사도마저 하나님을 두려워하게 했다. 그는 마지막 날에 모든 사람이 져야 할 책임을 분명하게 내다보았다. 따라서 바울은 믿음의 증거가 되는 일을 하기 위해 노력했다. 바울이 마지막 심판에 대해 염려했다면, 우리는 훨씬 더 그래야 하지 않겠는가?

마태복음 25장 31-46절과 요한계시록 20장 11-15절에도 같은 패턴이 나온다. 두 본문 모두 행위에 따른 심판을 강조한다.

> 내가 진실로 너희에게 이르노니 너희가 여기 내 형제 중에 지극히 작은 자 하나에게 한 것이 곧 내게 한 것이니라(마 25:40).
> 죽은 자들이 자기 행위를 따라 책들에 기록된 대로 심판을 받으니 (계 20:12).

어떤 사람은 "행위에 따른 심판이라니? 그렇다면 오직 믿음으로 의롭게 된다는 건 어떻게 되는 거지?"라고 반문할 수도 있다. 이것은 탁월한 질문이지만, 대답은 간단하다. 우리는 오직 믿음으로 의로워진다. 그러나 참 믿음은 어떤 신조를 머리로 겨우 동의하는 것 이상이다. 참 믿음은 "바라는 것들의 실상"(바라는 것들에 대한 확신)이며 "보이지 않는 것들의 증거"(보이지 않는 것들에 대한 확신)다(히 11:1). 많은 사람이 모인 극장에서 누군가가 "불이야!" 하고 외치면, 그 말을 진짜라고 확신하는 자들은 출입구로 달려갈 것이다. 그러나 단지 지적 동의만 하는 자들은 좌석에 앉아 있을 것이다. 마찬가지로 확신을 동반하는, 구원 얻게 하는 믿음은 언제나 선행의 열매를 맺는다.

바로 이것이 야고보가 강조한 내용이다. "행함이 없는 믿음은 그 자체가 죽은 것이라"(약 2:17). 다시 말해 행함이 없는 믿음으로는 구원에 이르지 못한다. 그것은 참 믿음이 아니기 때문이다.

행함이 많을수록 믿음도 크다. 우리의 행위는 우리 믿음의 성격과 깊이와 질을 드러낸다. 마지막 심판 날, 하나님은 행위에 의해 입증되는 믿음에 따라 우리에게 갚아주실 것이다. 그리스도인과 비그리스도인 모두 자신의 행위에 따라 심판받지만, 그리스도인의 행위는 구원 얻는 믿음의 존재 여부를 나타낼 것이다. 그들을 구원하는 것은 행위가 아니라 믿음이다. 앞에서 보았듯이, 하나님은 완전을 요구하신다. 아무도 완전하지 않으므로, 행위 자체로는 그 누구도 구원받지 못한다. 3장에서 논의했듯이 우리는 그리스도의 행위의 전가로 인해 구원받는다.

그 때문에 사도 바울 같은 신앙 위인도 마지막 심판을 생각하면서 더욱 분발했다. "우리는 주의 두려우심을 알므로 사람들을 권면하거니와"(고후 5:11).

비그리스도인도 자신의 행위로 심판받는다. 그러나 그 기준은 완전이기 때문에 그들은 절망적인 한계에 부딪힐 것이다. 그들은 영벌에 처할 수밖에 없다.

그리스도의 재림에 수반되는, 죽은 자들의 부활과 최후의 심판이라는 두 사건이 바울의 삶과 메시지의 골격을 형성했다. 예를 들어 유대 총독 벨릭스 앞에서 증언할 기회를 얻었을 때, 바울은 "의와 절제와 장차 오는 심판"을 강론했다(행 24:25). 헬라 지식인들에게 증언할 때에는, 하나님이 "정하신 사람으로 하여금 천하를 공의로 심판할 날을 작정하시고 이에 그를 죽은 자 가운데서 다시 살리신 것으로 모든 사람에게 믿을 만한 증거를 주셨음"을 상기시켰다(행 17:31).

우리는 이 복음을 비그리스도인들에게 전하는가? 이 복음을 자신에게 전하고 있는가?

어떻게 적용할 것인가

다음 세 가지를 당부하며 이 장을 마무리하고자 한다.

첫째, 준비하라. 예수님은 그분의 재림 시기를 알아야 한다고 강조하지 않으셨다. 오히려 그 정확한 날과 시간을 아는 자가 아무도 없음을 거듭 강조하셨다. "이러므로 너희도 준비하고 있으라 생각하지 않은 때에 인자가 오리라"(마 24:44). 마태복음의 다음 장에서, 예수님은 그 점을 다시 강조하신다. "그런즉 깨어 있으라 너희는 그날과 그때를 알지 못하느니라"(마 25:13).

예수님이 재림하시는 때는 알려져 있지 않기 때문에 예수님과 사도들은 준비를 강조했다. 준비란 거룩함과 경건함이 자라는 삶, 구원 얻게 하는 참 믿음을 입증하는 삶을 뜻한다.

내 친구 마크는 준비를 갖추고 있었을까? 나는 모른다. 분명 그는 그런 일에 관심이 없었을 것이다. 부활과 마지막 심판을 포함한 그리스도의 재림에 관한 진리를 날마다 자신에게 전하는 자들의 긴박감이 그에게 필요했다.

둘째, 기뻐하라. 그리스도의 재림은 우리 구원의 완성을 뜻한다. 그것은 부활한 몸이 죽음과 노쇠와 질병의 결과에서 완전히 자유로워짐을 뜻한다. 새 하늘과 새 땅을 의미한다. 또한 그것은 모든 믿는 사람을 위한 칭의를 뜻한다. 그들은 "잘하였다, 착하고 충성된 종아"라는 칭찬을 들을 것이다. 예수님의 자발적인 순종을 믿는 우리의 믿음에 근거하여 그분은 우리를 영원한 영광으로 인도하실 것이다.

셋째, 냉철해지라. 당신의 삶과 교리에 유의하라. 당신의 믿음이 구원 얻는 믿음이 되도록 하라. "죽은 자들이 자기 행위를 따라 책들에 기록된 대로 심판을 받으니 …… 누구든지 생명책에 기록되지 못한 자는 불못에 던져지더라"(계 20:12, 15). 참된 은혜는 행위를, 구원 얻는 믿음을 낳는다.

모든 사람에게 구원을 주시는 하나님의 은혜가 나타나 우리를 양육하시되 경건하지 않은 것과 이 세상 정욕을 다 버리고 신중함과 의로움과 경건함으로 이 세상에 살고 복스러운 소망과 우리의 크신 하나님 구주 예수 그리스도의 영광이 나타나심을 기다리게 하셨으니 (딛 2:11-13).

그리스도의 재림과 부활, 마지막 심판에 관한 메시지로 자신을 일깨워야 한다. 이 메시지를 날마다 자신에게 전해야 한다. 또한 우리는 자녀들에게 마지막 심판을 준비시켜야 한다. 자신의 배우자도 마지막 심판을 준비하도록 도와주어야 한다. 교회 공동체 생활의 한 가지 중요한 목적은 그리스도의 재림과 부활과 마지막 심판을 준비하도록 서로 돕는 것이다. 이렇게 기도하자. "모든 일을 영원의 거울로 보고, 주님의 재림을 대망하며, 마지막 나팔소리에 귀 기울이고, 새 하늘과 새 땅을 갈망하게 하소서." 이 진리를 자신에게 전한다는 것은 이런 식일 것이다.

"하나님 아버지, 주의 아들을 보내어 내 죄를 대신하여 죽고 다시 살아나게 하심을 감사드립니다. 저는 영광중에 오실 그리스도의 재림을 갈망합니다. 그것은 제 상급의 날일 것입니다. 그분은 수많은 천사와 함께 구름을 타고 오실 것입니다. 나팔소리가 울리고, 죽은 자들이 살아나며, 그리스도께서 마지막 심판을 행하실 것입니다. 저는 주님 앞에 서서 제 행위대로 심판받을 것입니다. 제 믿음이 진실했는지 아니면 연기 같은 것에 불과했는지가 제 행위를 통해 드러날 것입니다. 그날에 책이 펼쳐지고, 그 책에 기록된 제 행위가 제 믿음의 성격을 밝힐 것입니다. 하나님, 그날에 대한 긴박감을 갖게 하소서. 장차 받을 상급에 대한 성경적인 소망을 갖게 하소서."

● 요약 ●

> 1. 그리스도의 재림은 의욕이 없는 자들에게 동기를 부여한다.
> 2. 재림하실 때 그리스도께서는 죽은 자들을 다시 살리시고 최후의 심판을 행하실 것이다.
> 3. 그리스도께서 재림하시기까지 우리는 믿음을 입증하는 삶을 살아야 한다. 그분의 재림이 우리 구원을 완성할 것이다.

참고 도서

- Grudem, Wayne. *Systematic Theology: An Introduction to Biblical Doctrine*. Grand Rapids: Zondervan, 1994. 특히 54장 "그리스도의 재림: 언제, 어떻게?", 56장 "최후의 심판과 영원한 형벌", 42장 "영화(부활한 육신을 받는 것)"을 보라. 『웨인 그루뎀의 조직 신학』, 은성.
- Helm, Paul. *The Last Things: Death, Judgment, Heaven, and Hell*. Edinburg, UK: Banner of Truth, 1989.
- Hoekema, Anthony A. *The Bible and the Future*. Grand Rapids: Eerdmans, 1979.

8장
새 하늘과 새 땅

복음 이야기의 절정은 "새 창조"다.

회심 이전, 심지어 회심 후 몇 년 동안 나는 하늘을 멀리 떨어진 어떤 장소(천사와 사람들이 구름 위에서 수금을 타는 시공간 안의 어느 장소)로 상상했다. 그리스도께서 거기 계신다는 사실을 제외한다면 그곳이 흥미롭게 여겨지지 않았다. 그런 하늘에 적극적인 호감을 갖기는 힘들다. 우리의 감각적인 즐거움은 매일의 신체 활동과 연관되어 있다. 예전에 나의 하늘 개념은 "매일의" "신체 활동"과는 무관했다.

랜디 알콘의 설명을 들어보자.

이 땅에서 우리가 느끼는 모든 즐거움은 우리의 감각을 통해 경험된다. 따라서 우리의 감각 범위를 넘어 존재하는 것으로 묘사되는 하늘은 우리를 소원해지게 하고 심지어 두려움마저 준다. …… 새 땅과 결부된 하늘을 생각할 때, 우리는 구름 위를 쳐다볼 필요가 없다. 단지 주변을 둘러보면서 죄와 죽음, 고통과 부패함이 없는 모습을

상상하기만 하면 된다.[1]

여기에 우리는 중요한 단서를 하나 포함시켜야 한다. 하나님이 계신 곳마다 하늘이라는 것이다. 금송아지를 만드는 죄가 자행된 이후에, 하나님은 약속의 땅으로 들어가는 이스라엘 백성과 함께하지 않을 거라고 모세에게 말씀하셨다.

> 너희를 젖과 꿀이 흐르는 땅에 이르게 하려니와 나는 너희와 함께 올라가지 아니하리니 너희는 목이 곧은 백성인즉 내가 길에서 너희를 진멸할까 염려함이니라(출 33:3).

그러나 모세는 "주께서 친히 가지 아니하시려거든 우리를 이곳에서 올려 보내지 마옵소서"(출 33:15)라고 고했다. 모세는 하나님 없이 젖과 꿀이 흐르는 땅으로 들어가기보다는 차라리 하나님과 함께 황량한 광야에서 지내려 했다. 모세에게는 하나님의 임재가 매우 소중했기 때문이다.

하늘에 대해 우리는 이런 식으로 생각해야 한다. 하나님이 계시는 곳이면 어디나 하늘이다. 낙원을 낙원으로 만드는 것은 하나님의 임재다. 그렇다. 하늘은 새 창조다. 언젠가 하나님이 죄의 결과를 모조리 제거하실 것이다. 피조 세계를 원래 상태로, 죄악과 죽음으로 오염되지 않은 상태로 회복시키실 것이다. 새로 창조된 세계가 하늘이며, 새 창조를 가능하게 하는 것은 하나님의 임재다. 하늘의 핵심 요인은 언제나 살아 계신 하나님의 임재다.

현재의 피조 세계는 아담의 죄로 오염되었다. 그러나 타락한 상태에서도, 피조 세계는 여전히 아름다울 수 있다. 최근에 나는 스텝토 뷰트 정상까지 차를 몰고 간 적이 있다. 그곳은 세계에서 가장 비옥한 밀 생산지 가운데 하나인 팰루즈 바로 위쪽에 위치한, 동부 워싱턴의 돌출부에 해당한다. 그 정상에서 서편으로 황금빛 밀 들판이 시야가 닿는 곳까지 펼쳐져 있다. 동편으로는 여러 산등성이를 거쳐 로키 산맥으로 이어진다. 여름 저녁의 일몰 광경을 보고 있으면 창조주 하나님을 향한 찬양이 절로 흘러 나온다. '이보다 더 아름다운 것이 있을까?' 라는 생각이 들게 한다. 그러나 현재의 피조세계는 가장 아름다운 모습마저도, 원래 창조된 모습 또는 장차 새로워질 모습에 비하면 심하게 오염된 상태다.

죄에 영향을 받은 것은 인간만이 아니다. 하나님이 아담의 관리 아래 두신 모든 것이 죄에 영향을 받았다. 이것은 이 세상의 가장 아름다운 상태마저도 마치 아침에 미모의 여자가 부스스한 머리카락을 긁적이고 입 냄새를 풍기면서 이부자리에서 비틀거리며 나오는 것과 같음을 뜻한다. 아무리 아름다운 여자라도 그 상태는 최상의 모습이 아니다. 마찬가지로 지금의 세상은 내재적인 아름다움을 지녔지만 원래의(또는 회복될) 모습이 아니다.

바울은 이 한계를 잘 이해했다.

그 바라는 것은 피조물도 썩어짐의 종노릇한 데서 해방되어 하나님의 자녀들의 영광의 자유에 이르는 것이니라 피조물이 다 이제까지 함께 탄식하며 함께 고통을 겪고 있는 것을 우리가 아느니라 (롬 8:21-22).

우주(피조 세계)는 "허무한 데" 굴복했다(20절). 이 굴복은 죄의 부산물이다. 피조물은 죽음과 부패에 예속되었고, 거기서 해방되어 정상으로 돌아가기를 갈망한다. 다시 말해 성경적인 기준에 따르면, 현재의 피조 세계는 심각한 수준미달이다.

피조물이 하나님의 원래 의도대로 회복되는 것이 이른바 "하늘"이라는 곳이다. 이것은 하늘이 물리적인 장소임을 뜻한다. 그것은 구름 위에 있는 천사들과 같은 것이 아니다. 하나님은 물리적인 세계를 당신의 영광을 위해 창조하셨다. 그것은 그분의 임재를 위한 장막이며 아담과 하와를 위한 거처였다. 하나님이 아담과 하와를 불사의 존재로 지으셨기 때문에, 그들은 죽지 않고 하늘이라는 곳에서 살 수 있었다. 땅은 그들의 영원한 가정이었다. 땅을 천상적인 곳으로 만드는 것은 하나님의 임재였다. 즉 원래 지음 받은 물리적인 세계는 유토피아였으나, 타락 이후에 죄와 부패, 죽음과 고통, 노쇠함이 들어왔다.

죄가 땅에서 하늘을 내몰았고, 땅을 지옥의 주변 지대로 만들었다. 그래서 하늘보다는 지옥을 생각하기가 더 쉬워졌다. 하늘은 시련이나 고통이 없는 곳이다.

모든 눈물을 그 눈에서 닦아주시니 다시는 사망이 없고 애통하는 것이나 곡하는 것이나 아픈 것이 다시 있지 아니하리니 처음 것들이 다 지나갔음이러라(계 21:4).

시련과 고통이 없는 삶은 우리의 일상적인 경험이 아니다. 눈물, 죽음, 애곡, 스트레스, 고통이 우리의 일상적인 경험이기 때문에, 지옥의 고통과 시련을 상상하기가 더 쉬운 것이다.

저주받은 땅

하나님이 땅을 저주하셨을 때, 우주도 심판 아래 놓였다.

아담에게 이르시되 …… 땅은 너로 말미암아 저주를 받고 너는 네 평생에 수고하여야 그 소산을 먹으리라 땅이 네게 가시덤불과 엉겅퀴를 낼 것이라(창 3:17-18).

하나님의 저주 때문에 우주와 땅이 우리에게 저항하기 시작했다. 땅은 경작을 거부한다. 예를 들어 지구 전체 땅에서 경작에 적합한 곳은 11퍼센트뿐이다. 경작에 적합한 11퍼센트마저 때로는 가뭄, 결빙, 홍수, 다른 파괴적인 기후 여건에 놓인다. 나머지 89퍼센트는 경작하기에 산이 너무 많거나 춥거나 무덥거나 건조하다.[2] 나는 땅이 원래부터 이러했다고는 생각하지 않는다. 예를 들어, 북극과 남극과 사하라 사막의 엄청난 석탄 매장량은 이들이 한때 식물로 무성한 지역임을 입증해 준다. 경작에 적합한 땅이 부족한 것은 저주의 부산물일까?

땅은 치명적인 상태에 직면할 수 있다. 2004년 성탄절 다음 날, 동남아시아를 덮친 쓰나미가 30만 명의 목숨을 앗아갔다. 2011년 3월의 쓰나미는 일본 북동부 해안을 황폐화하고, 약 2만 명의 인명피해를 냈다. 최근에 미국 북동부는 허리케인 샌디 때문에 수십 억 달러의 손실을 입었다.

지진, 허리케인, 화산폭발, 눈보라, 가뭄, 곤충, 농작물 병충해 등은 땅과 관련한 하나님의 저주 가운데 몇몇 사례에 지나지 않는다. 그러나 좋은 소식이 있다. 하나님은 원래 계획을 포기하지 않으셨다. 그분은 구원 계획을 지니고 계시며 그것을 가동시키신다.

회복을 예언하다

하나님은 그 구원 계획을 비밀리에 세우지 않으셨다. 그 계획은 성경 여러 곳에 묘사되어 있다. 부활 후 승천하시기 전, 예수님은 40일 동안 이 땅에 계셨다. 그분은 제자들에게 하나님 나라에 대해 가르치셨다. 만유를 회복시킬 계획을 설명하셨다. 그로부터 몇 달 후, 베드로는 예수님에 관해 이렇게 설교했다.

> 하나님이 영원 전부터 거룩한 선지자들의 입을 통하여 말씀하신 바 만물을 회복하실 때까지는 하늘이 마땅히 그를 받아두리라(행 3:21).

즉 그리스도의 재림 때 비로소 피조물이 회복될 것이다.
선지자들도 이것을 예언했을까? 이사야는 이렇게 예언했다.

> 하늘이 연기같이 사라지고 땅이 옷같이 해어지며 거기에 사는 자들이 하루살이같이 죽으려니와 나의 구원은 영원히 있고 나의 공의는 폐하여지지 아니하리라(사 51:6).

그는 이 땅의 종말을, 죄와 사망의 저주가 없는 땅의 도래를 내다보았다.

보라 내가 새 하늘과 새 땅을 창조하나니 이전 것은 기억되거나 마음에 생각나지 아니할 것이라(사 65:17).³

이와 관련된 가장 분명한 예언 가운데 하나가 베드로후서 3장에 나온다.

그러나 주의 날이 도둑같이 오리니 그날에는 하늘이 큰 소리로 떠나가고 물질이 뜨거운 불에 풀어지고 땅과 그중에 있는 모든 일이 드러나리로다 …… 우리는 그의 약속대로 의가 있는 곳인 새 하늘과 새 땅을 바라보도다(벧후 3:10, 13).

땅 위의 하늘

앞에서 보았듯이 노쇠와 질병과 죽음이 없는 세상, 악감정이나 상한 감정이 없는 세상, 이기심과 오해와 낙심이 없는 세상, 전쟁이나 나쁜 날들이 없는 세상을 상상하기란 거의 불가능하다. 새 창조의 세계에서는 토네이도나 허리케인이나 가뭄이 없고, 풍성한 곡식과 과실을 산출하는 비옥한 땅이 많을 것이다. 이것이 성경적인 하늘 개념이다. 가장 좋은 소식은 죄와 그 모든 결과에서 정결해져서 새로워진 바로 이곳(지구)에서 하늘이 실현될 거라는 것이다. 하나님이 그 여자의 아름다움을 회복시키실 것이다. 그녀는 결혼식을 위해 목욕과 화장을 하고 예복을 차려입을 것이다(계 21:1-5 참조).

지금 우리가 간략히 경험하는 영적, 신체적 기쁨을 그때에는 온전히 누릴 것이다. 그 기쁨은 들쭉날쭉하지만 언젠가 우리는 충만하게 지속적으로 경험할 것이다. 정성껏 마련된 음식, 좋은 포도주, 목욕, 수면, 노동, 우정, 운동경기, 각종 성취 등을 한껏 즐길 것이다. 그리스도께서 항상 우리와 함께하실 것이다. 앤서니 후크마에 따르면 "하나님이 새 땅을 자신의 거처로 삼으실 것이므로, 그리고 하나님이 거하시는 곳에 하늘이 있으므로, 우리는 새 땅에 있는 동안 줄곧 하늘에 있을 것이다. 그때에는 하늘과 땅이 지금처럼 분리되지 않고 하나일 것이기 때문이다(계 21:1-3 참조)."[4]

이미, 그러나 아직

이 모든 일이 언제 일어날까? 5장에서 부활과 관련하여 "이미, 그러나 아직"이라는 표현을 소개했다.[5] 그것은 부활과 새 창조 둘 다 적용된다. 새 창조는 이미 시작되었지만, 그 완성은 미래의 일로 남아 있다. 사도 바울은 "이 세상의 외형은 지나감이니라"(고전 7:31)고 말했다. 그리고 D. A. 카슨은 이렇게 설명한다.

"이미"와 "그러나 아직"(이미 도래한 나라와 아직 도래하지 않은 나라) 사이의 긴장은 성경적 사고에서 흔한 것이다.[6]

새 창조가 "이미" 도래한 것은 어떤 의미에서인가? 새 창조는 그리스도의 부활과 더불어 시작되었다. 그는 "모든 피조물보다 먼저 나신 이"(골 1:15)셨다. "먼저 나신"이라는 말에 담긴 첫째 개념은 "중요성에 있어서" 먼저다.[7] 둘째 개념은 "시간상" 먼저다. 그분의 부활이 죄와 사망의 저주를 제압하기 시작했다. 그 첫 실현인 예수님의 영화로우신 몸은 새 창조에 적합한 불멸의 몸, 우리가 갈망하며 소망하는 몸이었다.

"이미"의 둘째 단계는 거듭날 때 시작된다. 거듭남은 장차 올 세상에 대한 일종의 보증 같은 것이다. 이것은 장차 올 세상의 영적인 낙을 경험하기 시작함을 뜻한다. 주된 낙은 그리스도의 속죄에 근거하여 성령의 능력으로 하나님과 교류하는 것이다. 이것을 염두에 두고 바울은 다음과 같이 말한다.

누구든지 그리스도 안에 있으면 새로운 피조물이라 이전 것은 지나갔으니 보라 새것이 되었도다(고후 5:17).

그 안에서 너희도 …… 약속의 성령으로 인 치심을 받았으니 이는 우리 기업의 보증이 되사 그 얻으신 것을 속량하시고 그의 영광을 찬송하게 하려 하심이라(엡 1:13-14).

성령은 보증과 인 치심이 되신다. 모든 참된 그리스도인은 그 보증을 경험한다. 그것은 하늘과 새 창조의 삶을 미리 맛보는 것이다. 우리 삶 속에 성령이 임재하신다는 것은, 새 창조가 시작되었고 우리가 그것을 경험하기 시작했음을 입증해 준다.

"부활 생명에 참여하는 것"과 "새로운 피조물이 되는 것"은 같은 뜻이다. 5장에서 "이미, 그러나 아직"이라는 제목 아래 우리는 부활 생명을 경험하는 것이 무슨 뜻인지 논의했다. 그것은 새 창조에 참여함과 같은 것이므로, 여기서는 굳이 같은 설명을 반복하지 않을 것이다.

요점은 이렇다. 성령이 우리를 새로운 피조물로 만드셨다는 것은 장차 올 시대의 권능이 우리의 현재 경험 속으로 뚫고 들어왔다는 것이다. 그 증거는 그리스도를 믿는 믿음, 하나님에게 순종하려는 열망, 하나님 말씀에 대한 사랑, 그리고 더해가는 하나님의 임재 의식 등에서 나타난다. 우리는 불멸성의 첫 열매들을 맛보고 있다.

새 창조가 온전히 임하는 것은 오직 그리스도의 재림 이후다. 그리스도께서 우주를 재창조하실 것이다. 그분은 믿음과 회개로 복음을 받아들이는 모든 사람에게 적합한 "장소"를 창조하실 것이다. 에디스 험프리는 이렇게 요약한다.

우리가 자연이라 부르는 모든 것은 단지 우리 삶을 위한 배경막 같은 것이 아니라 우리가 속한 실재의 일부이며, 장래에도 계속 그럴 것이다. 우리는 육체 없는 영혼이 되지 않고, 하나님이 "좋다"고 선언하신 물질세계와 계속 관련될 것이다. 비록 현재 우리가 상상할 수 있는 것보다 훨씬 나은 영광과 실체가 있겠지만 말이다. …… 새 창조에 대한 확신은 몸을 얕보거나, 하나님의 영을 제한하거나, 하나님에 의해 창조된 세상을 멸시하지 말라고 가르친다. …… 구원은 엄청나게 광범위한 개념으로 인식된다. 따라서 우리는 죄에서 구원된 것은 물론이고 새 창조에 대한 소망 때문에도 기뻐한다.[8]

어떻게 적용할 것인가

이 진리가 왜 중요한가? 이 진리는 우리가 다른 개념을 이해하는 데 도움이 되는가? 그렇다!

첫째, 이 진리는 피조물과 하나님이 별개의 실재임을 상기시킨다. 하나님이 창조주시라면, 피조물은 그분과 별개의 무엇이다. 이 사실은 중요하다. 범신론에서 정반대를 가르치기 때문이다. 범신론에 따르면 하나님과 피조물은 하나다. 『기적』(홍성사)이라는 책에서 C. S. 루이스는 기독교가 약해진 문화권들이 대부분 범신론에 굴복한다고 말한다. 힌두교와 불교와 도교는 기본적으로 범신론적이다. 현대의 환경운동 역시 범신론적 의미를 함축하고 있다.

기독교의 소망은 다르다. 하나님이 자연과 별도로, 자연 위에 거하신다. 그분이 자연을 만드셨고, 자연 이전에 존재하셨으며, 자연과 별도로 존재하신다. 이것은 우리가 환경을 잘 관리해야 할 청지기이지 그것을 섬기는 자가 아님을 뜻한다. 그리스도인에게 환경은 섬길 대상이 아니라 하나님의 선물이다. 환경이 우리를 섬기기 위해 존재한다. 오늘날의 문화는 이런 확신에서 점점 멀어지고 있다. 구글에서 "guilt"("죄책감" 또는 "유죄")를 검색해보면 여러 페이지가 뜨는데, 그 내용 중 대부분은 환경과 관련된 것이다. 이 단어는 하나님을 향한 태도보다 점점 환경에 대한 태도와 관련하여 더 많이 사용된다. 범신론은 서구 세계에서 기세를 올리고 있다. 이것은 문화가 고대 범신론으로 쇠퇴하고 있음을 나타내는 신호다.

둘째 교훈은 물질적인 것이 원래는 좋다는 것이다. "하나님이 지으신 그 모든 것을 보시니 보시기에 심히 좋았더라"(창 1:31). 하나님이 만물을 회복시키려고 계획하시는 것도 바로 이 때문이다. 그분은 물질세계를 좋아하신다. 이것은 육체적인 낙도 좋은 것임을 뜻한다. 육체적인 아름다움은 좋다. 인체는 좋다. 음식, 섹스, 포도주, 가옥, 가구, 휴가, 자동차 등은 모두 좋다. 이것은 일만 악의 뿌리가 돈이 아니라 돈을 사랑하는 것임을 뜻한다(딤전 6:10).

헬라 철학자들은 전혀 다른 것을 가르쳤다. 그들 중 대부분은 영적인 것들이 내재적으로 선한 반면 물질적인 것(몸, 음식, 술 등)은 내재적으로 악하다고 생각했다. 이 개념이 서구 문화에 침투했고, 교회에도 침투했다. 술에 대한 반감은 이와 관련된다. 섹스, 심지어 결혼에 대한 중세시대의 반발도 이와 관련된다. 하늘에 대한 반물질적 견해 역시 이와 관련된다. 우리는 이런 개념들을 거부해야 한다. 우리는 하나님처럼 이들을 "좋게" 봐야 한다.

셋째 교훈은 이 짧은 생이 궁극적이지 않다는 것이다. 하나님이 우리를 위해 "말할 수 없는 영광스러운 즐거움"(벧전 1:8)으로 가득한 영원을 예비하셨다면, 이 땅에서 최고 지위에 오르는 것이 그리 중요할까? 내 자녀가 아이비리그에 진학하는 것이 그리 중요할까? 10킬로그램 체중감량이나 멕시코로 떠나는 휴가, 이번 주에 실행할 20킬로미터 조깅이 그토록 중요할까? 장차 올 세상을 묵상하면 이 모든 것을 차분히 바라보게 된다. 진짜 중요한 일은 모든 일을 하나님의 영광을 위해 하는 것이다(고전 10:31).

이 장의 마지막 교훈은 우주적인 구원에 관한 것이다. 구원은 우리의 개인적 회심에 국한되지 않는다. 우리 가족의 건강이나 지역교회의 성장에 국한되지 않는다. 우주 전체의 구속에 관한 것이다. 『홀먼 삽화 성경사전』(Holman Illustrated Bible Dictionary)에 따르면, "인류를 위한 성경적인 소망은 (하늘과 땅을 모두 포함한) 창조된 질서의 구속 없이는 사람들이 죄의 힘에서 온전히 해방될 수 없다는 확신과 결부되어 있다."[9] "그리스도에 의해 성취되는 구속이 새 창조에서 절정에 달한다"[10]는 사실을 결코 잊지 말라.

베드로는 "예수 그리스도께서 나타나실 때에 너희에게 가져다주실 은혜를 온전히 바랄지어다"(벧전 1:13)라고 권면한다. 우리가 자신에게 귀 기울이지 않고 자신에게 설교할 때 그렇게 할 수 있다.

이 진리를 자신에게 전하는 방식은 다음과 같을 것이다.

"하나님 아버지, 저는 새 창조에 대한 소망에 감격합니다. 현재의 피조물은 아무리 아름다워도 장차 도래할 새 창조에 비하면 몹시 하찮습니다. 육체적인 낙을 허락하심을 감사드립니다. 음식, 포도주, 가족, 잔치, 노동, 휴가, 잠을 주신 주께 감사드립니다. 그리고 무엇보다 저를 사랑하사 저를 위해 자신을 내어주신 주의 아들로 인해 감사드립니다. 아멘!"

요약

1. 하나님은 아담의 죄로 오염된 피조세계를 회복하실 계획을 세우셨다.
2. 하나님의 의도대로 회복될 새 창조는 이미 시작되었지만, 아직 완성되지 않았다.
   - 예수님의 부활로 새 창조는 "이미" 시작되었다.
   - 우리 삶에 성령이 임재하신다는 것이 새 창조가 "이미" 시작되었다는 증거다.
   - 새 창조는 "아직" 완성되지 않았다. 새 창조가 온전히 임하는 것은 그리스도께서 재림하신 이후다.

참고 도서

- Alcorn, Randy. *Heaven*. Wheaton, IL: Tyndale, 2004. 『헤븐』, 요단.
- Grudem, Wayne. *Systematic Theology: An Introduction to Biblical Doctrine*. Grand Rapids: Zondervan, 1994. 특히, 57장 "새 하늘과 새 땅"을 보라. 『웨인 그루뎀의 조직 신학』, 은성.
- Milne, Bruce. *The Message of Heaven and Hell*. Downers Grove, IL: InterVarsity Press, 2002.

• 토의 질문 •

들어가며
1. 이 장의 핵심 요점이 무엇인지 자신의 말로 이야기해 보라.
2. 이 장에서 가장 마음에 드는 구절은 무엇인가? 그 이유는?
3. 자신에게 귀 기울인다는 것은 무슨 뜻인가? 당신의 자아가 말할 때 당신은 무엇을 듣는가?
4. 반대로, 자신에게 설교한다는 것은 무슨 뜻인가? 당신은 자신에게 어떤 진리를 전해야 하는가?
5. "복음"이라는 단어를 들을 때 무엇이 떠오르는가?
6. 광각렌즈 복음과 협각렌즈 복음의 차이를 자신의 말로 설명해 보라.
7. 저자가 광각렌즈 복음에 포함시키는 교리는 어떤 것인가?
8. 이 장에 비추어볼 때, 회개란 어떤 것이어야 할까?

1장
1. 이 장의 핵심 요점은 무엇인가?
2. 이 장에서 당신이 가장 좋아하는 구절은 무엇인가? 그 이유는?
3. 에베소서 1장 3-6절과 로마서 9장 6-21절을 읽으라. 하나님의 택하시는 사랑에 관해 이 본문들은 무엇을 말하고 있는가?
4. 조건적 선택과 무조건적 선택은 어떻게 다른가?
5. 무조건적 선택에 대한 가장 그럴 듯한 반박은 무엇이라고 생각하는가?
6. 무조건적 선택 교리를 자신에게 설교하는 법을 배운 사람은 어떤 유익

을 얻는가?
7. 당신은 언제 자신에게 복음을 전하는가?

2장
1. 이 장의 요점은 무엇인가?
2. 이 장에서 당신이 가장 좋아하는 구절은 무엇인가? 그 이유는?
3. 당신의 삶에서 나타나는 교만의 징후들은 어떤 것인가?
4. 당신의 교만 문제를 해결하기 위해 예수님이 하신 일은 무엇인가?
5. 예수님의 일곱 단계 낮아지심 가운데 당신과 가장 관련이 있는 것은 무엇인가? 그 이유는?
6. 성육신을 당신 자신에게 설교한다는 것은 무슨 의미인가?

3장
1. 이 장의 요점은 무엇인가?
2. 이 장에서 당신이 가장 좋아하는 문구나 단락은 무엇인가?
3. J. 그레샴 메이첸이 임종 자리에서 그리스도의 자발적인 순종을 크게 기뻐한 이유는 무엇인가?
4. 하나님의 율법에 대해 당신이 배운 것은 무엇인가?
5. 날마다 당신 자신에게 하는(그리고 자신에게서 듣는) 거짓말은 무엇인가?
6. 하나님이 당신 자신에게 전하기를 원하시는 진리는 무엇인가?

4장

1. 이 장 내용을 자신의 말로 요약해 보라.
2. 당신이 가장 좋아하는 인용구나 단락은 무엇인가? 그 이유는?
3. 죄책감으로 씨름하는가? 만일 그렇다면, 무엇에 대해서인가?
4. 속죄를 당신의 죄책감에 어떻게 적용해야 할까?
5. 하나님의 개인적인 사랑을 느끼지 못할 때는 언제인가?
6. 이 장을 읽고 하나님의 사랑에 대한 당신의 관점이 어떻게 변했는가?
7. 그리스도의 속죄를 자신에게 전할 때 당신은 어떤 말을 하는가?

5장

1. 이 장의 요점을 자신의 말로 표현해 보라.
2. 이 장에서 가장 좋아하는 인용문이나 문단을 그룹원들과 함께 나눠 보라.
3. 당신이 경험한 곤경이나 두려움, 질병 가운데 그리스도의 부활에 대한 소망으로 치유할 수 있는 것은 무엇인가?
4. 그리스도의 부활과 우리의 거듭남은 어떤 관계인가?
5. 그리스도의 부활이 모든 그리스도인에게 보증하는 장래의 소망은 무엇인가? 당신은 이 소망의 어떤 측면에 가장 관심이 많은가? 그 이유는?

6장

1. 이 장의 주제를 자신의 말로 표현해 보라.
2. 당신이 가장 좋아하는 인용 구절은 무엇인가?
3. 당신의 개인적인 삶이나 역사의 상황 가운데 하나님의 선하심과 주권에 대한 확신을 흔들리게 한 것은 무엇인가? 그 이유는?
4. 당신의 자아가 당신에게 하는 이야기는 어떤 것인가?
5. 승천 교리를 자신에게 어떤 식으로 전할 수 있을 것인가?

7장

1. 이 장의 요점을 자신의 말로 표현해 보라.
2. 당신이 가장 좋아하는 인용 구절은 무엇인가?
3. 주의 재림과 관련하여 당신에게 가장 생생하게 다가온 성경 본문은 무엇인가?
4. 이 장은 죽은 자의 부활에 관한 당신의 생각을 어떻게 변화시켰는가?
5. 이 장은 마지막 심판에 관한 당신의 생각을 어떻게 변화시켰는가?
6. 이 진리들을 자신에게 전한 사례를 말해 보라.

8장

1. 이 장의 요점을 자신의 표현으로 요약해 보라.
2. 이 장에서 당신이 가장 좋아하는 인용 구절은 무엇인가? 그 이유는?
3. 이 장을 읽기 전에, 당신은 하늘을 어떤 의미로 이해했는가?
4. 신학자들이 새 창조와 관련하여 "이미, 그러나 아직"이라는 표현을 사용할 때, 어떤 의미를 생각했을까?
5. 당신이 경험한 새 창조의 "이미" 측면은 무엇인가?
6. 당신 자신에게 장래에 관한 메시지를 전한다면 어떤 내용일까?
7. 이 진리를 자신에게 전하도록 고무하는 상황은 무엇인가?

주

들어가며

1. D. Martyn Lloyd-Jones, *Spiritual Depression: Its Causes and Its Cure* (Grand Rapids: Eerdmans, 1965), 20. 『영적 침체』, 복있는사람.
2. Jerry Bridges, *The Discipline of Grace: God's Role and Our Role in the Pursuit of Holiness* (Colorado Springs: NavPress, 2006), 59. 『날마다 자신에게 복음을 전하라』, 네비게이토.
3. Jerry Bridges와 Bob Bevington, *The Great Exchange: My Sin for His Righteousness* (Wheaton, IL: Crossway, 2007), 42.
4. Jeff Purswell, "What Precisely Is the Gospel?," *C. J.'s View from the Cheap Seats*(블로그), *Sovereign Grace Ministries*, 2009년 10월 22일, http://www.sovereigngraceministries.org/blogs/cj-mahaney/post/what-is-the-gospel-jeff-purswell.aspx.
5. D. R. W. Wood, 편저, *New Bible Dictionary*, 3판(Downers Grove, IL: InterVarsity Press, 1996), 426.
6. 예를 들어, 복음은 하나님 나라가 임했다는 좋은 소식이지만(마 4:23, 막 1:14-15), 그것은 과거 사실도 강조한다. 복음이 처음 선언된 것은 에덴동산에서이며 (창 3:15), 갈라디아서 3장 8절은 아브라함이 그것을 들었음(창 12:1-3 참조)을 알려준다. 고린도전서 15장에서 복음은 그리스도의 죽음과 부활을 포함한다. 디모데전서 3장 16절과 디모데후서 1장 10절에서는 성육신을 포함한다. 뿐만 아니라 복음은 미래 사실도 포함한다. 로마서 2장 16절에서 복음은 마지막 심판을 포함한다. 골로새서 1장 23절에서 그것은 장래의 소망에

관한 내용이며, 디모데후서 1장 10절에서는 영원한 미래에 관한 내용이다. 그리고 데살로니가후서 2장 14절에서 복음은 영화를 포함한다.

7. James M. Hamilton Jr., *God's Glory in Salvation through Judgment: A Biblical Theology* (Wheaton, IL: Crossway, 2010), 37–66쪽에 수록된, 이 주제에 관한 논의를 보라.

8. 이 주제에 관한 더 자세한 내용은, *Two Dissertations* (Boston: S. Kneeland, 1765)에 수록된 조나단 에드워즈의 "하나님이 땅을 창조하신 목적에 관하여"를 보라. 온라인으로는 다음 사이트를 참조하라: http://www.monergism.com/dissertation-concerning-end-which-god-created-world-jonathan-edwards. 또한 John Piper, *God's Passion for His Glory: Living the Vision of Jonathan Edward* (Wheaton, IL: Crossway, 1998)를 참조하라. 『하나님의 영광을 위한 하나님의 열심』, 부흥과개혁사.

9. Bridges, *The Discipline of Grace*, 109. 『날마다 자신에게 복음을 전하라』, 네비게이토.

10. Edward T. Welch, *When People Are Big and God Is Small: Overcoming Peer Pressure, Codependency, and the Fear of Man* (Phillipsburg, NJ: P&R, 1997), 146. 『큰 사람 작은 하나님』, P&R.

11. Paul David Tripp, *Dangerous Calling: Confronting the Unique Challenges of Pastoral Ministry* (Wheaton, IL: Crossway, 2012), 99. 『위험한 소명』, 생명의말씀사.

12. John Piper, "Never Let the Gospel Get Smaller," *Desiring God*, 2009년 3월

17일. http://www.desiringgod.org/Blog/1687_never_let_the_gospel_get_smaller.

13. Mark Dever, *Nine Marks of a Healthy Church* (Wheaton, IL: Crossway, 2000), 81. 『건강한 교회의 9가지 특징』, 부흥과개혁사.

1장

1. 로마서 9장 6-24절을 보라. 하나님의 선택적 자기 계시를 묘사하는 성경 구절들은 다음과 같다. 암 8:11-12, 마 11:25-27, 13:11, 16:17, 눅 19:42, 24:16, 31, 45, 요 1:12-13, 5:21, 6:39, 9:39, 고후 3:14, 벧전 2:9.
하나님이 이스라엘을 택하셨다. 신 4:20, 37-39, 7:6-7, 14:2, 삼상 12:22, 시 135:4, 사 41:8, 43:20-21, 64:8, 겔 20:5, 슥 2:10-12, 눅 10:21-24, 롬 9:10-11.
하나님이 이방인들을 택하셨다. 마 11:25, 22:14, 눅 10:21-24, 요 6:37, 39, 10:16, 26, 13:18, 17:6, 9, 24, 롬 8:28-33, 11:4-7, 고전 1:26-31, 엡 1:4, 11, 약 1:18, 2:5, 벧전 2:9, 벧후 1:10.
하나님이 값없는 자비와 은혜를 베풀기 위해 우리를 택하셨다. 출 33:19, 마 19:30, 20:16, 롬 9:14-15.

2. Elisha Coles, *The Puritan Papers*, vol.1, 1956-1959, J. I. Packer 편저 (Phillipsburg, NJ: P&R, 2000), 7에 실린, Iain Murray, "청교도와 선택 교리"에 인용.

3. Murray, "The Puritans and the Doctrine of Election," 9.

4. D. A. Carson, *The Difficult Doctrine of the Love of God* (Wheaton, IL: Crossway, 2000), 18.

2장

1. William P. Farley, *Gospel-Powered Humility* (Phillipsburg, NJ: P&R, 2011).

2. Stuart Scott, *From Pride to Humility: A Biblical Perspective* (Bemidji, MN: Focus Publishing, 2000), 5.

3. A. W. Tozer, *The Knowledge of the Holy* (New York: Harper & Row, 1961), 51. 『하나님을 바로 알자』, 생명의말씀사.

4. John Flavel, *Works* (1820; repr., Edinburgh: Banner of Truth, 1968), 1:226.
5. Thomas Watson, *A Body of Divinity* (1692; repr., Edinburgh: Banner of Truth, 1958), 192. 『신학의 체계』, 크리스챤다이제스트.

3장

1. 하나님은 완벽함을 요구하신다. 사 33:14-16, 시 15편, 24:3-5, 130:3, 마 5:20, 갈 3:10-13, 히 7:11, 10:1, 14, 12:23, 약 2:10-12.
2. 그리스도의 의의 전가를 언급하는 본문은 다음과 같다. 롬 1:16-17, 3:21-22, 4:3, 6, 5:17, 19, 10:4, 고전 1:30, 고후 3:9, 5:14-15, 갈 2:19-21, 빌 3:9.
3. Jerry Bridges와 Bob Bevington, *The Great Exchange: My Sin for His Righteousness* (Wheaton, IL: Crossway, 2007), 82.
4. Roland H. Bainton, *Here I Stand: A Life of Martin Luther* (Nashville: Abingdon, 1950), 49. 『마르틴 루터의 생애』, 생명의말씀사.

4장

1. "제러드"는 한 개인이 아니다. 내가 여러 해에 걸쳐 이야기를 나눠온 여러 개인을 통칭한 이름이다.

5장

1. Francis Bacon, "Of Death", *Essays*, 1625에서. *The International Thesaurus of Quotations*, Eugene Ehrlich와 Marshall De Bruh. 편저 (New York: HarperCollins, 1996), 143쪽에 인용.
2. G. K. Beale, *A New Testament Biblical Theology: The Unfolding of the Old Testament in the New* (Grand Rapids: Baker, 2011), 228.
3. 요한복음 11장에서 예수님은 나사로를 살리신다. 나인 성 과부의 아들과 야이로의 딸을 살리신 이야기는 누가복음 7장과 마태복음 9장에 각각 나온다.

6장

1. Diarmaid MacCulloch, *The Reformation* (New York: Viking, 2003), 228-30.
2. Peter Toon, "Resurrected and Ascended: The Exalted Christ," *Bibliotheca Sacra* 140(1983): 195쪽에 인용.
3. Philip W. Comfort와 Walter A. Elwell, 편저, *Tyndale Bible Dictionary* (Wheaton, IL: Tyndale House Publishers, 2001), 116.

7장

1. Carolyn Weber, *Surprised by Oxford: A Memoir* (Nashville: Thomas Nelson, 2011), 45에 인용.
2. Kris Lundgaard, *The Enemy Within: Straight Talk about the Power and Defeat of Sin* (Phillipsburg, NJ: P&R, 1998), 8장.
3. Cornelius Plantinga Jr., *Not the Way It's Supposed to Be: A Breviary of Sin* (Grand Rapids: Eerdmans, 1995).

8장

1. Randy Alcorn, *Heaven* (Wheaton, IL: Tyndale, 2004), 17. 『헤븐』, 요단.
2. Navin Ramankutty, Amato T. Evan, Chad Monfreda, and Jonathan A. Foley, "Farming the Planet: 1. Geographic Distribution of Global Agricultural Lands in the Year 2000," Global Biogeochemical Cycles 22, no. 1(March 2008), http://onlinelibrary.wiley.com/doi/10.1029/2007GB002952/full을 참조하라.
3. 다른 많은 본문도 이 소망에 대해 예언한다. 예컨대 시 102:25-26, 사 11:6-9, 66:22, 히 12:25-26, 벧후 3:1-13, 계 21:1을 보라.
4. Anthony A. Hoekema, *The Bible and the Future* (Grand Rapids: Eerdmans, 1979), 274.
5. 참조, George Eldon Ladd, *The Presence of the Future: The Eschatology of Biblical Realism* (Grand Rapids: Eerdmans, 1974).
6. D. A. Carson, *How Long, Oh Lord?: Reflections on Suffering and Evil* (Grand Rapids: Baker, 1990), 136.

7. 참조, Richard B. Gaffin Jr., *Resurrection and Redemption: A Study in Paul's Soteriology*, 재판(Phillipsburg, NJ: P&R, 1987), 37.『부활과 구속』, 엠마오.

8. Edith M. Humphrey, "New Creation." *Dictionary for Theological Interpretation of the Bible*, Kevin J. Vanhoozer(Grand Rapids: Baker Academic, 2005), 537쪽에 실림.

9. P. E. Robertson, "Heavens, New." *Holman Illustrated Bible Dictionary*, Chad Brand, Charles Draper, 그리고 Archie England(Nashville: Holman Bible Publishers, 2003), 734쪽에 실림.

10. Philip W. Comfort과 Walter A. Elwell, 편저, *Tyndale Bible Dictionary* (Wheaton, IL: Tyndale House Publishers, 2001), 948.

사명선언문

너희가 흠이 없고 순전하여……세상에서 그들 가운데 빛들로
나타내며 생명의 말씀을 밝혀 _ 빌 2:15-16

1. 생명을 담겠습니다
만드는 책에 주님 주신 생명을 담겠습니다.
그 책으로 복음을 선포하겠습니다.

2. 말씀을 밝히겠습니다
생명의 근본은 말씀입니다.
말씀을 밝혀 성도와 교회의 성장을 돕겠습니다.

3. 빛이 되겠습니다
시대와 영혼의 어두움을 밝혀 주님 앞으로 이끄는
빛이 되는 책을 만들겠습니다.

4. 순전히 행하겠습니다
책을 만들고 전하는 일과 경영하는 일에 부끄러움이 없는
정직함으로 행하겠습니다.

5. 끝까지 전파하겠습니다
모든 사람에게, 땅 끝까지, 주님 오시는 그날까지
복음을 전하는 사명을 다하겠습니다.

서점 안내

광화문점 서울시 종로구 새문안로 69 구세군회관 1층
　　　　　02)737-2288(T) 02)737-4623(F)

강남점 　서울시 서초구 신반포로 177 반포쇼핑타운 3동 2층
　　　　　02)595-1211(T) 02)595-3549(F)

구로점 　서울시 구로구 시흥대로 577 3층
　　　　　02)858-8744(T) 02)838-0653(F)

노원점 　서울시 노원구 동일로 1366 삼봉빌딩 지하 1층
　　　　　02)938-7979(T) 02)3391-6169(F)

분당점 　경기도 성남시 분당구 황새울로 315 대현빌딩 3층
　　　　　031)707-5566(T) 031)707-4999(F)

신촌점 　서울시 마포구 서강로 144 동인빌딩 8층
　　　　　02)702-1411(T) 02)702-1131(F)

일산점 　경기도 고양시 일산서구 중앙로 1391 레이크타운 지하 1층
　　　　　031)916-8787(T) 031)916-8788(F)

의정부점 경기도 의정부시 청사로47번길 12 성산타워 3층
　　　　　031)845-0600(T) 031)852-6930(F)

인터넷서점 www.lifebook.co.kr